Kira (9) und Guzel (41) –

Was der Ukraine-Krieg mit uns machte

Lothar Berg

Kira (9) und Guzel (41)

Was der Ukraine-Krieg mit uns machte

Biografie

Impressum:

Autor: Lothar Berg

Erzählerin: Guzel Lakhman

Übersetzung: Alexander Dik

Umschlag: Kira Lakhman

Herstellung und Verlag:

BoD – Books on Demand, Norderstedt

ISBN 9 783758 310607

Stellen Sie sich einmal vor, Sie werden früh morgens wach und die BRD existiert nicht mehr. Alle 16 Bundesländer sind eigene, autarke Staaten.

Gestern noch haben alle Deutsch gesprochen, wenn auch mit unterschiedlichen Dialekten, wie Bayrisch, Hessisch, Rheinländisch und andere. Heute sind Sie mit Ihrem Dialekt Ausländer! Weil dort wo Sie aufgewacht sind, plötzlich Ausland ist. Jedes Bundesland hat seine eigene Amtssprache. Sie werden benachteiligt, weil Sie als Schwabe in Thüringen leben, wohnen und arbeiten. Ihre Kinder erleben schiefe Blicke und werden gemobbt. Können Sie sich das vorstellen? Haben Sie so viel Fantasie?

So ist es mir ergangen. 1991. In einem Land mit 22.400.000 Quadratkilometern, bei einer Einwohnerzahl von rund 290 Millionen Menschen.

Das war das Ereignis, als der Westen den Fall des Eisernen Vorhanges feierte und niemand darüber nachdachte, was es für den einzelnen Menschen in dem Riesenreich der ehemaligen Sowjetunion bedeutete. Als aus einem Russen ein Kasache und oder ein Turkmene wird. Als sich die ehemaligen Bruderstaaten auf ihre Nationalitäten besinnen, als sie nationalistische Werte und Bestimmungen einführen.

Da ist der Westen noch immer im Rausch der Perestroika, feiert den Fall der Mauer und glaubt, der Nabel der Welt zu sein. Deutschland surft auf der Welle der Wiedervereinigung, während für uns Welten zusammenbrechen.

Ich bin gerade 9 Jahre alt und verstehe nichts davon. Nicht, warum man meinen tatarischen Namen Güzel ständig versucht zu ändern. In Guzel, in Gulya, in Guzya, in Gultchatai, in Guzely oder Gazelya. Ich verstehe nicht, warum ich plötzlich ukrainisch anstelle von russisch sprechen soll und auch nicht, warum man meiner Familie plötzlich mit Misstrauen begegnet.

Sie können sich das immer noch nicht vorstellen? Wie sollten sie auch, wo sie doch stets die Freiheit, die Demokratie und den Frieden vor sich hertragen. So wie Sie ihn verstehen und wie Sie ihn für andere verordnen wollen.

Aber heute, 2022, wiederholt sich mein Schicksal fast genauso, an meiner 9 Jahre alten Tochter Kira. Sie versteht nicht, warum Bomben fallen, warum man ihren Vater in der Ukraine in Geiselhaft nimmt und warum sie in ein fremdes Land flüchten muss.

Meine Familie und ich sind einfache Menschen. Wir wollen nur glücklich sein. Mehr erwarten wir nicht. Ich möchte Ihnen ein wenig über uns erzählen und Sie können dann selbst beurteilen, ob wir es nicht besser verdient haben, als es uns passiert oder ob auch wir ein Recht auf ein Stück vom Glück haben.

Sie können vielleicht beurteilen, wer die Schuld daran trägt, dass ich in diesem Moment mit Tränen in den Augen, in dem kleinen Anbau in Falkensee bei Berlin sitze, den mir der deutsch-russische Künstler Alexander Dik und seine Frau Anna als Unterkunft zur Verfügung stellen, während ich auf einen Anruf von meinem Mann aus der Ukraine warte. Sie können mir vielleicht sagen, was ich antworten soll, wenn Kira mich jeden Tag fragt, wann denn ihr Papa endlich nachkommt. Unter Umständen können Sie auch die Fragen einer Neunjährigen nach dem Sinn eines Krieges beantworten. Aber bitte, fertigen Sie sie nicht einfach damit ab, dass Sie zu ihr sagen: „Dafür bist Du zu klein, dass verstehst Du erst, wenn Du älter bist!" Das stimmt nicht. Damit machen sie es sich zu einfach, so aus der Überlegenheit des Erwachsenseins heraus. Dafür ist das Kind viel zu sehr sensibilisiert und hat den meisten von Ihnen Kriegs- und Fluchterfahrung voraus. Ich selbst verstehe es auch nicht, und ich bin 40 Jahre alt. Vielleicht fühlen Sie auch den Kloß in meinem Hals, wenn die Hilflosigkeit mir die Worte verschlägt?

Suchen Sie den Grund dafür nicht in den Schlagzeilen der Medien und nicht in den ausgesuchten Worten der Politiker/innen. Darin erfahren Sie nur, was Sie wissen sollen oder dürfen. Forschen Sie in sich selbst danach, warum wir so miteinander umgehen, wie ich es Ihnen versuchen werde zu beschreiben.

Vor allem aber wäre ich Ihnen dankbar, wenn Sie mir eine Erklärung dafür liefern würden, die meiner Tochter erklärt, warum ihr Tagebuch ein Kriegstagebuch ist.

Wer bin ich? Welche Identität habe ich? Bin ich eine Mischung aus Tatarstan, Russland und Ukraine? Oder ein Shake aus Tradition und Moderne? Ein Mix aus Freude und Trauer, aus Liebe und Hass?

Was ich jetzt fühle interessiert Sie? Das ist schwer zu beantworten. Spontan würde ich sagen, dass ich ein Dasein voller Abschiede führe. Abschiede von mir selbst. Wie kam es zu diesem Moment, in dem ich hier aus dem Fenster sehe und nicht weiß, ob es regnet oder ob es meine Tränen sind, die den klaren Blick nach draußen verhindern.

*

Ich möchte Ihnen von meiner Oma erzählen, die eine Riesin war. Eine Riesin an Charakter, Mut und Kraft. Eine geborene Tatarin aus Rybno, das ist dort, weit im Osten Russlands.

Das Leben in den 50ern ist dort geprägt vom Überleben und von dem Zusammenhalt der Menschen. Von der harten Arbeit auf dem Feld und mit dem Vieh. Von dem Miteinander, vom Teilen der wenigen Dinge und auch vom Gemeinsamkeitsgefühl und der der gegenseitigen Verantwortung, vom Zusammenhalt in der Not.

Es gibt keine Fernwärme, keinen Supermarkt und keine Wassertoilette. Die Politik ist weit entfernt und die Menschen sind auf sich alleine gestellt. Es ist nicht immer leicht, es ist nicht immer einfach, aber auch dort wohnen das Glück und die Momente der Zufriedenheit. Es gibt keine Unterschiede, sondern nur die Mitmenschen. Dort kommt meine Oma her. Oma Helminisa und Opa Gasim, wurden im Bezirk Rybno Slobodskoy, Dorf Bikchurayevo, Bezirk Kutlu-Bukash, in der tatarischen ASSR (Autonome

Sozialistische Sowjetrepublik), geboren. Sie kannten sich von Kindesbeinen an.

Opa Gasym wurde 1948 zum Dienst in der baltischen Flotte an der Ostseeküste einberufen. Als er zurück nach Rybno kommt, ist er voller neuer Ideen und voller neuer Eindrücke. Oma Helminisa und Opa Gasym sind noch kein Paar, aber sie kommen sich näher. Opa ist unruhig, sucht sich eine Arbeit in dem Dorf, aber er ist unzufrieden. Er hat die Vorstellung, aus der tatarischen ASSR auszuwandern. Er hat die Verführungen und die Versprechungen der großen Welt kennen gelernt, will jetzt Geld verdienen. Will mehr. Oma Helminisa dagegen ist ein Landkind. Sie versteht etwas von der Land- und der Viehwirtschaft. Sie kann sich nicht vorstellen, etwas anderes zu tun. Außerdem spricht sie nur tatarisch, spricht und versteht kein russisch. Opa hat beim Militär die russische Sprache gelernt. Sie sitzen immer öfters zusammen und Oma lauscht den Gedanken und Träumen von Opa. Sie staunt, als er ihr von einer anderen Welt erzählt. Einer Welt, in der man sich unabhängig von Kälte und Hunger gemacht hat. Als Opa Gasym erfährt, dass man in den Kohlenminen von Tula gutes Geld verdienen kann, gelingt es ihm Omas Helminisa Bedenken zu zerstreuen und sie schließt sich ihm an. Sie heiraten, nicht aus Liebe, aber beschwingt durch Hoffnungen und die Neugierde, die seine Erzählungen in ihr ausgelöst haben. Zusammen machen sie sich 1955 auf die über 1000 Kilometer lange Reise nach Tula, wo es gutes Geld zu verdienen gibt. Opa Gasym nimmt eine Arbeit in einer Kohlenmine an. Schwere Handarbeit. Kohle brechen im dreckigen Staub. Oma ist zu Hause kümmert sich um den Haushalt, ist noch schüchtern, weil sie nur tatarisch spricht. Es ist ihr noch alles eine wenig fremd. Die Menschen sind lauter und hektischer, als sie es bisher gewohnt war. Als sie mit meiner Mama schwanger ist, die im April 1957 auf die Welt kommt, ändert sich auch Omas Welt. Sie beginnt ein wenig Russisch zu lernen und entwickelt eine eigene Sprachform aus Tatarisch und Russisch, um sich zu verständigen. Sie wird wieder schwanger und bringt im Februar 1961 Minnie Guzel zur Welt. Als 1963 der Sohn Vasyl geboren wird, entschließen sich Oma und Opa dem Ratschlag eines Bekannten zu folgen. Die Familie zieht nach Swerdlowsk bei Woroschilowgrad, nach Komsomolsky, wo Opa in der, mit dem Orden des roten Banners der Arbeit ausgezeichneten Mine „Centrosoyuz", eine neue Anstellung findet. In den kommenden Jahren wird er mehrfach ausgezeichnet, bekommt Urkunden und Geldpreise. Er ist ein stolzer Hauer im Streckenvortrieb. Stolz auf seine Arbeit. Stolz auf seine Leistung. Stolz auf seine Kraft. Immer der Erste und immer vorne dabei. Oma macht einen Nähkurs und arbeitet in einer Fabrik, wo Militärkleidung hergestellt wird.

Es geht ihnen gut. Solange, bis sich 1972 die ersten Symptome einer Lungenkrankheit bei Opa zeigen. Es ist Silikose, die er durch die Untertagearbeit bekommen hat.

*

Opa hat nur noch Schmerzen. Hustet Blut. Die Silikose ist noch nicht als Berufskrankheit anerkannt und der Staat entschädigt die Bergleute nicht. Er braucht Medikamente und auch die Krankenhausaufenthalte kosten Geld. Oma Helminisa arbeitet immer noch in der Kleiderfabrik. Sie wächst über sich selbst hinaus. Nach der Arbeit versorgt sie die Kinder. Eine Nachbarin passt auf sie auf, wenn Oma Opa während seiner

17

immer häufiger werdenden Krankenhausaufenthalte besucht, um ihm Essen zu bringen und Trost zu spenden. Die Krankheit schreitet weiter voran. Opa wird schwächer. Er verweigert das Essen. Wieder zu Hause bittet er um Alkohol. Er will vergessen. Will seinen Verfall nicht wahrnehmen. Der einst so starke stolze Mann ist nur noch ein Schatten seiner selbst. Die Fäulnis in ihm schreitet weiter fort.

Vielleicht ist er wütend, vielleicht auch nur ängstlich. Als sie ihm anbieten, einen Teil der Lunge zu entfernen, lehnt er das ab. Eventuell ein letzter großer Akt seines Stolzes. Vielleicht würde er länger leben. Aber wie, was wäre das für ein Leben? Vielleicht sollte er zustimmen. Vielleicht ist er es aber auch leid, sich als Krüppel zu fühlen. Leid, die mitleidigen Blicke zu empfinden und die bedauernden Gesten zu sehen. Vielleicht hat er genug davon auf andere angewiesen zu sein und will kein Pflegefall sein. Wer kann das schon entscheiden? Gott, oder wer auch immer, erlöst Opa Gasym 1975 von seinem Leiden.

*

Oma wird vor eine schier unlösbare Aufgabe gestellt. Sie muss sich um die Kinder kümmern. Sie kann nicht mehr arbeiten gehen. Man braucht sie zu Hause. Sie steht alleine da. Die 120 Rubel vom Staat im Monat für ein Kind helfen nicht wirklich. Was ist zu tun? Oma gibt nicht auf, wächst über sich selbst hinaus. Sie muss schließlich 3 Mäuler füttern und sich um deren Zukunft kümmern.

Also kauft sie Schafswolle, kämmt sie, wäscht sie, spinnt Garn daraus, um daraus Mützen, Schals und anderes zu stricken. Diese Arbeit ist nicht einfach, sie dauert und sie ist anstrengend. Alle müssen mithelfen. Meine Mama Dania …., ihre Schwester Minnie Guzeli und auch der Jüngste, Vasyl.

Neben Schafwolle ist Ziegenwolle begehrt. Danach riecht die ganze Wohnung. Die Arbeit damit ist wesentlich schwieriger und aufwendiger. Für die Ziegenwolle braucht man eine spezielle Bürste. Sie muss mehrmals gekämmt werden, damit ein weicheres Garn entsteht. Man muss die Wolle von Flusen befreien, bis sie endlich auf einem Spinnrad landet. Oma hatte eine Holzkonstruktion, auf dem aus der Wolle ein feiner, dünner Faden entsteht. Es knarrt, knattert und klopft, bis das Garn endlich zu einem Knäuel gewickelt ist. Oma beginnt mit dem Stricken. Noch einmal gekämmt und flauschig gemacht, entstehen so gut wärmende Produkte.

Trotz aller Bemühungen reicht es vorne und hinten nicht. Die Ansprüche der Kinder, je älter sie sind, werden größer. Doch Oma besitzt Kraft und Kreativität. Sie wird Schnapsbrennerin. Schwarz versteht sich. Verboten. In ihrer kleinen Destille zu Hause entsteht der Schnaps oder auch Mondscheinschnaps, wie das Gebräu genannt wird. Sie steht mit einem Bein im Gefängnis und mit dem anderen in ihrer kleinen Brennerei. Oma ist vorsichtig. Sehr sogar. Aber für ihre Familie riskiert sie alles. Der Schnaps wird aus Wasser, Hefe, Zucker oder Obst gemacht. Wenn der Gärprozess im Gange ist, riecht es unangenehm. Doch nicht so ekelig, wie die nasse Ziegenwolle. Ich kann, will und werde auch nicht entscheiden, ob Oma eine Verbrecherin oder eine Heldin gewesen ist. Ein Dämon oder ein Engel. Sie ist eine großartige Frau mit einer tiefen Seele und einem großen Herz. Sie fürchtet vieles, hat aber vor nichts Angst. Das Heben der schweren 20 Liter Kanister bringen ihr einen Leistenbruch bei. Doch sie klagt und jammert nicht. Auch nicht als man bei ihr ein Magengeschwür und eine Bauspeichelentzündung feststellte. Um ein wenig Geld für die Behandlung von staatlicher Seite zu erhalten, musste sie sich zweimal im Jahr einer Behandlung unterziehen, um die so begehrte Bescheinigung zu erhalten, welche die Kostenübernahme möglich macht.

Oma ist sehr vorsichtig und verkauft den Schnaps nur an ausgewählte Leute oder an die, welche mit einer besonderen Empfehlung zu ihr kommen. Die Verkaufszeiten sind entweder ganz früh am Morgen oder spät am Abend. Obwohl Oma Helminisa eine Schnapsbrennerin ist, trinkt sie selbst keinen Alkohol.

Sie selbst friert auf dem Markt, wenn sie die Stricksachen verkauft. Zu Hause wärmt sie sich die eiskalten Hände über dem Feuer, bis sie wieder Leben in ihnen spürt. Sie kennt kein Ausruhen, keine Pause. So zieht sie Mama, Tante und

Onkel groß. Gibt ihnen viel Liebe und viel Selbst-vertrauen mit. Lehrt sie Respekt, Achtung und dass es ein Aufgeben nicht gibt, dass man auf seine eigene Stärke vertrauen muss. Und auf die Liebe, die man für andere empfindet. Für die Kinder, für die Familie. Sowie auf die Liebe, die man selbst erhält.

Bei aller Plage, bei aller Härte und bei allen Entbehrungen, kann Oma auch lachen. So herz-lich, dass es ansteckend ist. Die wenigen Mo-mente, wenn sie tanzt, wenn sie so viel lacht, dass sie auf die Toilette muss, zeigen einen ande-ren Menschen, einen Teil der Seele, den sie sonst hinter Sorgenfalten und Anstrengungen, hinter gespieltem Tadel und dem manchmal notwendi-gen Zeigerfinger, verbirgt. Sie liebt es in der Na-tur zu sein, dann erinnert sie sich wieder an ihre Kindheit in Rybno. Oma kocht Leckerbissen aus Kartoffeln, Eier, Tomaten, Gurken, Brot,

Knoblauch und Butter, summt dabei eine Melodie, erinnert sich an ihre tatarische Herkunft. Und plötzlich liegt ein Glanz auf ihrem Gesicht. Ein Glück und eine Heiterkeit. Sie fühlt die Erinnerungen an Rybno, an die Felder, an ihren Gasym und alle Härten des Daseins sind für einen Moment vergessen. Obwohl sie selbst schon länger an Magengeschwüren und einer Bauchspeicheldrüsenentzündung leidet, bleibt sie nach außen hin stets stark. Zeigt nicht ihren Kummer, nicht ihr Leid und nicht die manchmal aufkommende Trostlosigkeit. Sie ist ein Fels, der der Brandung des Lebens trotzt. Ihre Kinder wachsen auf und gehen ihren Weg. Absolvieren ihre Sekundarschulausbildung und arbeiten in ihren Berufen.

Während meine Mama in Charkow am Textile Technical College studiert, besucht sie des Öfteren das Dorf ihrer Eltern, wo sie auch Nail, meinen Papa, kennenlernt. Die beiden unternehmen Ausflüge und besuchen die Diskotheken in Kasan. Sie macht 1979 am College ihren Abschluss als Textilingenieurin und heiratet im gleichen Jahr Papa, in Nischnekamsk in der Tatarischen SSR.

In dem riesigen Land Russland, liegen die guten Gelegenheiten weit auseinander. Man muss lange Wege zurücklegen, um seine Chancen wahrnehmen zu können.

Meine Eltern ziehen 1980 nach Bikin, in das Gebiet Chabarowsk, wo die Einkommen höher sind. Aber auch die Lebensumstände sind anders als gewohnt. Die Region gilt als modern und fortschrittlich. Zwischen verschiedenen Sprachen, gesellschaftlichen Unterschieden und ungewohnten Essengewohnheiten müssen sich Mama Dania und Papa Nail eingewöhnen. Auch daran, dass es Züchter von Schlachthunden gibt.

Mama ist davon überzeugt, dass Papa das mal probiert hat. Sie selbst verzichtet seitdem lieber auf Fleisch.

Bikin liegt näher an Tokio, Ulan Bator oder Peking als an Moskau, Kiew oder Berlin. Östlich hinter dem Changai-Gebirge, nahe am Japanischen Meer. Dort komme ich am 29. April 1982, einem Donnerstag, auf die Welt. Es ist der Tag, an dem die Sowjetische Eishockey-Mannschaft zum 18ten Mal den Weltmeistertitel gewinnt.

*

Ich ahne 1982 noch nichts von all dem, was mich heute bewegt. Wie soll ich auch, komme ich doch am 29. April in dem Jahr erst auf die Welt. Wie jedes andere Wesen bin ich bei der Geburt vom Instinkt gesteuert und noch ohne Bewusstsein und ohne Wissen.

Oma ist jetzt viel krank und die Familie zieht wieder um, in die UDSSR, nach

Woroschilowgrad, Oblast Swerdlowsk, um in ihrer Nähe zu sein. Junge Familien bekommen kostenlos eine Wohnung. Mama erzählt mir später
oft davon, dass die Familien in den Wohnblö-
cken sich gegenseitig besuchen und zusammen-
halten. Monate später fängt sie in einem Telegra-
phenamt an zu arbeiten. Ich werde vom ganzen
Wohnblock versorgt und bin wohlgehütet.
Meine ersten bewussten Erinnerungen sind die
an einen hellen und warmen Raum, der, so
glaube ich, die Küche gewesen ist. Es gibt noch
einen anderen Raum, in dem wir spielen, schlafen oder fernsehen. Davon weiß ich nichts mehr
im Detail, es sind nur verwischte Wahrnehmun-
gen davon übrig.

*

Mama ist wieder schwanger.

Als ich dreieinhalb Jahre alt bin, wird, mitten in die Wintertage hinein, am 10. Dezember 1985, mein Bruder Rinat geboren.

Den Namen darf ich aussuchen. Rinat! Es ist gleichzeitig eine Erinnerung an die tatarische Herkunft. Er ist ein hübsches Baby, aber Oma hat ihre Zweifel. Sie ist skeptisch und glaubt, dass nichts Positives aus ihm kommen könnte. Warum sie das sagt, weiß ich nicht. Vielleicht weil sie ihn zu sehr mit Papa vergleicht, den sie im Verdacht hat, dass er andere Verhältnisse mit Frauen hat. Doch das glaube ich nicht. Ich weiß, dass Papa auf viele Feste geht, die überall gefeiert werden. Mama wird krank und klagt über Schmerzen im Brustbereich. Sie bekommt Fieber. Papa ist viel unterwegs. Rinat muss gefüttert werden. Mama ist oft zu schwach, und so muss ich ab und zu einen Stuhl heranziehen, um an das Brot auf dem Schrank zu gelangen, dass ich ihr reiche. Ihr: „Danke Tochter!", wie sie dort im Bett liegt, mit Rinat neben sich, habe ich bis heute nicht vergessen. Ich spiele mit Holzwürfeln, stapele sie oder schmeiße sie umher.

Mamas Mutterschaftsurlaub ist vorbei und sie schickt mich in den Kindergarten „Kolokolchik". Doch oft bleibe ich bei Oma, weil ich mich krank fühle. Mal ist mir schwindelig, mal bin ich zu schwach und zu müde. Ich weiß nicht, was das ist und habe ein wenig Angst, wenn ich an Mama denke. Bei Oma fühle ich mich sicher aufgehoben. Hier kann ich mich erholen. Ich werde gebadet und schlafe viel. Wenn ich wach bin, lausche ich Omas Geschichten über Zauberer, Schlangen und Riesen. Oma kann so gut erzählen, dass mir beim Zuhören ein Schauer über den Rücken läuft und ich tiefer unter die Decke rutsche. Doch ich bin immer wieder aufs Neue neugierig, weitere Märchen vorgelesen zu bekommen. Wir sind oft auf den Feldern und Wiesen unterwegs. Wir spazieren oder kochen zusammen. Da werfen wir die Kräuter, die wir gesammelt haben, zusammen mit Kartoffeln, Tomaten und Knoblauch in einen Topf oder in die Pfanne. Es gibt aber auch meine Lieblingsgerichte, wie die salzige Milchsuppe und andere tatarische Nationalgerichte, die nur Oma so hinbekommt. Die Suppe hat einen cremigen Geschmack. Oma würzt sie zudem mit schwarzem Pfeffer.

Oft stehe ich ganz leise auf und gehe vorsichtig zur Küche, immer darauf achtend, dass keine der Holzdielen knarrt. Dort überrasche ich Oma, die sich immer erschreckt. Ich freue mich darüber und Oma lächelt nachsichtig. Ich liebe es Oma heimlich zu beobachten, wie sie dort in der Küche sitzt und am Spinnrad arbeitet und dabei eine tatarische Weise summt. Sie strickt und zwirbelt die gewaschenen Fäden. Manchmal darf ich Oma dabei helfen die Wolle zu kämmen oder zu einem Knäuel zu drehen.

Allerdings sind das nur ein paar Tage zwischendurch. Ansonsten verbringe ich die Tage im Kindergarten oder Mama nimmt mich mit ins Telegrafenamt, wo sie als Telefonistin arbeitet.

Wenn ich an den Kindergarten denke, fällt mir Nadezhda Pavlovna ein, eine kleinwüchsige Erzieherin, die ein beruhigendes Wesen hatte. Ich erinnere mich an ihre sanfte Stimme und an ihren Sohn, der ihr sehr ähnlich ist.

Es gibt auch schreckliche Erinnerungen. Einmal drängt es mich auf die Toilette, weil ich groß muss. Aber eine Erzieherin schickt mich hinter die Wand, wo wir immer das Pinkeln erledigen müssen. Nur für groß dürfen wir auf die richtige Toilette. Doch die Erzieherin glaubt mir nicht. Da geniere ich mich. Ich will nicht hinter der

Wand vor allen anderen groß mache. Deshalb halte ich es so lange zurück, bis ich mich einmache und mich auf eine Bank setze, damit es niemand merkt.

Die Erzieherin kommt jedoch dahinter und schickt mich in den Waschraum, wo ich mich selbst und mein Höschen waschen muss. Noch heute sitzt mir der Tonfall der Schelte in den Ohren, die ich bekomme. Als Mama mich abholen kommt, bin ich, unter dem kurzen Kleidchen nackt, weil das Höschen noch nass ist und muss so nach Hause laufen. Ich halte mit der Hand das Kleid unten. Den Kopf gesenkt, den Blick auf den Boden, höre ich um mich herum Kichern. Ich schäme mich. Mama kümmert sich nicht weiter darum, sie ist sehr müde. Sehr oft müde.

*

Bei Mama auf der Arbeit, im Telegrafenamt, ist es toll. In dem riesigen Gebäude sind viele

Büros. Mama sitzt in einem sehr großen Raum. Dort gibt es viele Reihen mit Schreibmaschinen und einer Menge anderer Apparate, die gleichzeitig bedient werden können. Als ob sie ein Zauberer eingeschaltet hätte, klappern und rattern sie gleichzeitig los. Dort wird auf DIN A4 Rollen gedruckt und da werden Bänder mit einigen Punkten markiert. Vorne, neben der Tür, steht ein sehr großer Schrank mit ganz vielen Glühbirnen und mehrfarbigen Buchsen für Stecker und mit Telefonen. Überall gibt es Relais, Sicherungen, Kabel und Schalter. Es ist laut und hektisch, voller Leben und Treiben. Stimmen schwirren im Raum hin und her. Dort hustet jemand und woanders lachen zwei miteinander. Es ist ein buntes und aufgeregtes Miteinander.

Dann die Pausen, in denen man gesalzenen Fisch kaufen kann. Wie liebe ich den Fisch, noch bis heute. Dazu gibt es Tee aus großen

Eisenkannen. Ich bin das Nesthäkchen, der Liebling, die Prinzessin hier. Und ich bin glücklich. Die Kollegen von Mama überhäufen mich mit Süßigkeiten und schenken mir ihre Aufmerksamkeit. Da malt jemand mit mir und mal werden meine Haare geflochten. Ich lerne Lieder und Gedichte und das Tippen auf der Tastatur.

Zu Hause haben wir ein Tonbandgerät und ein Mikrofon mit dem Papa und Onkel Vasil meine Stimme aufnehmen, wenn ich mit Holzwürfeln spiele. Die Aufzeichnung ist für lange Zeit in unserer Familie aufbewahrt. Gänsehaut läuft mir über die Haut, wenn ich sie noch viele Jahre später höre. So werden aus den Erinnerungen an diese Ereignisse klare Bilder. Von dem damals empfundenen Glück, dass mir noch bis vor kurzem die Gelegenheit gab, mich in der Mitte von mir selbst zu fühlen, dort, wo man ein sehr tiefes Gefühl von Selbstliebe empfindet.

Rinat hat es im Kindergarten leicht, weil ihn von Anfang an alle mögen. Er ist allerdings renitent und weiß sich schon sehr früh durchzusetzen. Auch, als seine Gruppe aufgelöst wird und er in eine der Älteren kommt, weiß er sich zu wehren. Oft tun sich mehrere zusammen und verprügeln ihn gemeinsam.

Es sind unbeschwerte Jahre, die ich mit meinem Bruder Rinat und meiner Cousine Albina verbringe. Voller Unschuld und voller Naivität. Wir treiben allerlei Schabernack und Streiche. Wir bauen im Winter einen riesigen Schneehaufen und wollen aus dem zweiten Stock des Hauses hineinspringen. Doch Oma beobachtet uns dabei, läuft aus dem Haus, fuchtelt wild mit den Armen. Vor Aufregung schreit sie die ganze Zeit nur tatarisch. Ich bekomme die Schuld dafür, weil ich Rinat und Albina nicht daran hindere.

Dabei will ich doch gerne sehen, wie die beiden springen.

Papa ist ein Allrounder, der alles beherrscht. Von Autoreparaturen über Schweißarbeiten bis hin zu Arbeiten mit Fliesen und Holz. Er ist viel unterwegs und selten zu Hause. Auch nicht am Wochenende. Nur zum Schlafen ist er da, immer erst spät am Abend und manchmal nicht einmal dann.

Doch wenn er zu Hause ist und mit uns spielt, dann macht er mit uns die tollsten Sachen. Bei einem Spaziergang nimmt er uns mit an einen kleinen See in einer einsam gelegenen Gegend. Ich bin neugierig und schaue in das glasklare Wasser und frage, wie tief das ist. Es sieht unendlich tief aus. Papa sagt: „Trau dich Täubchen, trau Dich. Probiere es aus!" Aber ich fürchte mich. Da nimmt Papa mich und taucht mich dort ein, hält mich fest. Es ist so kalt, wie ich es nie zuvor

gefühlt habe. Ich fühle mich wie von tausend Nadeln durchbohrt:

„Papa, Papa, schnell wieder raus!"
Abends erzähle ich Mama davon und frage, was
das für ein Ort gewesen ist. Doch Mama weiß
das auch nicht und Papa erzählt nicht, wo wir
gewesen sind.

Als man mich im Kindergarten fragt, was
mein Papa arbeitet, antworte ich: „Schwarz!" Da
wird allen klar, dass er viel nebenbei, also unter
der Hand arbeitet. Das gibt eine kleine Aufregung und Mama und Papa erklären mir, dass ich
so etwas nie mehr erzählen darf. Wir haben
nichts darüber erfahren, ob das woanders weiter
getratscht wurde und ich habe niemals mehr davon erzählt.

*

Im Frühjahr 1987 muss ich operiert werden.
Die Medikamente haben den offenen Ductus

Arterious nicht geheilt. Man hat den Herzfehler fast zufällig bei den Untersuchungen, wegen meiner Müdigkeit und meiner Atembeschwerden, entdeckt. Die Operation ist dringend notwendig, wie die Ärzte sagen. Sonst habe ich nur noch eine überschaubare Anzahl von Jahren zu leben, sagen sie. Im März dieses Jahres liege ich in Voroshilovgrad in der Ukrainischen SSR bei Dr. Pogrebnyak auf dem Tisch. Alles geht so schnell. Ich sehe Mama wieder, als ich aus der Narkose erwache. Man hat sie erst benachrichtigt, als ich bereits operiert worden bin. Sie liegt neben mir auf dem Bett, halb aufgerichtet und ich sehe ein paar graue Strähnen, die vorher noch nicht dagewesen sind. „Die habe ich über Nacht bekommen, als mich die Angst fast aufgefressen hat", sagt Mama.

Die Tage nach der Operation sind verwirrend für mich. Ich muss den Eisengehalt im Blut unbedingt erhöhen und so bekomme ich viele Karotten zu essen. Kleingerieben, kleingehackt und kleingeschnitten. Onkel Vasil kommt mich besuchen. Er schenkt mir einen CD-Player. Von nun an kann ich mich mit meiner Lieblingsmusik ablenken. Ich werde wohl zur besten Betttänzerin der Welt, wenn ich zu der Musik von Alla Pugacheva und Vladimir Kuzmin zu dem Lied „Dwe Zwesdi (Zwei Sterne) mit dem Kopf wippe und meine Beine und Arme rhythmisch bewege. Ich lache und singe laut mit, was das Mädchen im Nachbarbett verwundert herüberblicken lässt. Sie hört die Musik nicht, weil ich Kopfhörer aufhabe. Das ist mir egal, ich bin glücklich.

Ach, danke Onkel Vasil. Du wirst immer etwas Besonders in meinem Leben sein. Wir haben viel miteinander bei Oma gespielt. Du erzählst Geschichten unglaublich bildhaft, dass ich dir die tollsten Märchen geglaubt habe. Es macht Spaß Dir zuzuhören. In Deiner Werkstatt baust Du so viele technische Apparate. Ein Tonbandgerät für Unterhaltungsmusik und eine Art Telefon. Alles steckt voller Transistoren und Elektronik. Da sitzt Du an Deiner Arbeitsplatte. Die langen Haare fallen Dir immer wieder ins Gesicht. Deine Jeans, das Nietenhemd machen Dich so cool. Und Du klatscht in die Hände, wenn Du uns das Spiel „Warte nur" zeigst. Da muss ein Wolf so viele Eier wie möglich fangen und wird dabei von einem Hasen abgelenkt. Du hast uns gesagt, wenn der Wolf 100 Eier fängt, dann wird ein Cartoon gespielt. Keiner von uns hat diesen Level jemals erreicht. Ich glaube, es gab auch gar keinen Cartoon, jedenfalls hat ihn nie einer gesehen.

Du bist wie aus einer anderen Welt. Hast bis nachmittags geschlafen, so dass ich jedes Mal ungeduldig war, bis Du endlich aufgestanden bist. Auf Deinem Nachttisch standen so viele Medikamente. Gegen Deine Epilepsie, wie ich erst viel später erfahren habe. Ich merke nichts davon, wenn wir zwischen Lautsprechern, Kabel, Vinylplatten sitzen und russische und ausländische Musik hören.

*

Die ersten Schritte nach meiner Operation sind reine Quälerei. Ich muss erst wieder lernen aufrecht zu gehen. Die Korridore des Krankenhausen sind ewig lang und in den Glasscheiben der Fenster spiegelt sich mein weißer Frottee-Bademantel mit den Igeln darauf. Die Schwestern zeigen mir, wie ich mit ausgestreckten Armen gehen soll, um nicht nach links oder rechts zu kippen. Die Operationsnarbe ist auf der linken Seite, da, wo sie mir die Rippen geöffnet haben. Es schmerzt, als sie mir die Fäden entfernen. Bis heute ist es unangenehm dort anzufassen. Langsam werde ich mobiler. Es ist gut, dass spazieren ein Muss ist. Ich bin gerne draußen in dem Park unterwegs. Wenn das Wetter zu schlecht zum Spazierengehen ist, spiele ich mit Spritzen, Nadeln, Gläser, Tiegeln und Ampullen. Ich blättere in Zeitschriften, in denen Krankheiten und Symptome beschrieben sind.

Endlich zu Hause bin ich wie in einem Gefängnis, wie es mir vorkommt. Mama und Oma kontrollieren jeden meiner Schritte und sind sofort zur Stelle, wenn sie glauben, dass ich mich überanstrenge. Ob nun beim Schaukeln oder beim Laufen. Mehr Freiheit habe ich erst, als ich wieder in die Vorschule gehe. Zu Beginn ist mein Arbeitspensum auch dort eingeschränkt. Sicherlich nicht zuletzt deshalb, weil ich noch oft zur Nachuntersuchung die 76 Kilometer nach

Woroschilowgrad mit dem Bus fahren muss. Die Straßen sind schlecht und ich werde mächtig durchgeschüttelt. Ich habe Schmerzen. Um vier bis fünf Uhr heißt es aufstehen und sich fertig zu machen, dann zur Bushaltestelle. Es ist dunkel, es ist kalt. Ich will nicht, aber ich muss. Die Zeit heilt nicht alle Wunden, wie man sagt, aber sie macht die Schmerzen nach und nach ertragbarer. Im Kopf und im Körper.

Man stellt mich für die Schule zunächst zurück, doch mit 7 Jahren kann ich dort mitmachen.

*

Ab dem 1. September 1989 gehe ich in die erste Klasse der Sekundarschule Nr. 23 in Swerdlowsk, Gebiet Woroschilowgrad. Wir sind so viele Kinder, dass nicht genügend Platz in der Schule ist und meine erste Klasse, es gibt insgesamt 9 erste Klassen, findet im ersten Jahr im

Kindergartengebäude statt. Es ist ein Meer von Schuluniformen, wenn wir morgens dem Gebäude zuströmen. Ich trage ein blaues Schulkleid, eine weiße Schürze, weiße Strümpfe, und zwei große weiße Schleifen. Wir lachen und freuen uns. Wir sehen hübsch aus. Ebenso wie die Jungen in ihrer blauen oder braunen Hose, mit dem hellen Hemd und den Jacken. Alle Kinder sind sauber und ordentlich gekämmt. Worin wir uns unterscheiden sind die Schuhe und unsere Schultaschen. Ich bin besonders stolz auf meine orangefarbene Tasche und den beigefarbenen Sandalen, die Mama in Moskau gekauft hat.

Elena Aleksandrovna Khomruk ist meine erste Lehrerin. Eine Frau mit einer riesigen Brille mit getönten Gläsern auf der Nase. Ich weiß nicht warum, aber sie schien ständig zu schwitzen und leckte und wischte sich öfters den Schweiß über der Oberlippe ab. Vielleicht ist sie eine gute Lehrerin, ich weiß nicht. Ich bin oft unzufrieden mit ihrer Beurteilung meiner Arbeiten. Mein Platz ist immer am ersten oder zweiten Pult gleich vorne, weil ich so klein und zierlich bin. Doch ich bin eine fleißige Schülerin, die ihre Aufgaben genauestens und ordentlich erledigt. Ich mache meine Hausaufgaben, trage sehr gerne Gedichte vor und schreibe Aufsätze. Als ich einmal eine ungerechte Note für meine Hausaufgaben entdecke, wehre ich mich solange, bis sie korrigiert ist. Und dann ist da auch noch Yura, der vielleicht beliebteste Junge der Klasse, jedenfalls bei den Mädchen. Wir sind befreundet, auch wenn wir uns streiten. Wenn ich an ihn denke, tut es mir leid, dass er viel später drogenabhängig wurde und im Gefängnis landete.

Meine Schulzeit ist aufregend und abwechslungsreich. Auch die Sonderstunden für Klavier und Volkstänze. Bei diesem Tanzkurs sind wir etwas 20 Mädchen. Als wir uns auf einen Wettbewerb vorbereiten, muss ich neue Akkorde und neue Schritte einprägen, was mir nicht leichtfällt. Ich komme nicht hinterher, wenn der Lehrer Iwan Iwanowitsch seine Anweisungen auf Russisch ruft und stolpere immer ein wenig hinterher, dass es mir peinlich ist und ich am liebsten aufhören möchte. Doch dann spricht Iwan Iwanowitsch auf Tatarisch zu mir und erklärt mir die Kommandos. Die Anspannung fällt von mir ab und ich verstehe um was es geht. Danke Iwan Iwanowitsch, jetzt falle ich in der Gruppe nicht mehr auf.

Wir Kindern tragen unsere Schlüssel an einem Band um den Hals. Als ich einmal stürze, klappern sie laut aneinander und Iwan Iwanowitsch ruft: „Guzel, Du solltest früh morgens keine rostigen Nägel frühstücken!" Lautes Gelächter kommt auf und wir sind alle froh gelaunt. Im Klavierunterricht haben wir nacheinander mehrere Lehrer. Zum Schluss dann eine Lehrerin, die sich von den anderen abhebt. Sie spricht nicht nur von Klassik und heimischer Folklore, sondern auch über moderne Musik. Oft dürfen wir sie zu Hause besuchen. Sie zeigt uns ihre Plattensammlung und wir sehen voller Begeisterung Michael-Jackson-Clips.

*

Es bringt mich durcheinander. Noch heute weiß ich nicht warum. Aber 1990 heißt Woroschilowgrad plötzlich Lugansk. Natürlich weiß ich das Lugansk der ursprüngliche Name gewesen ist, aber trotzdem, was soll denn das? Jedes Mal müssen sich die Menschen umgewöhnen, wenn die Politik Änderungen vornimmt.

Ein Jahr später verändert sich das Bildungssystem. Wir sind keine Pioniere mehr und die

Krawatte hat keine Bedeutung. Sie ist nur noch eine Textilie in der Schublade. Es gibt keine Subotniks mehr, keine Altpapiersammlungen und auch keine anderen gesellschaftlichen Aufgaben. Vorbei die Zeit als Oktrobrist mit Lenins Bild auf der Brust. Die UdSSR ist Geschichte.

Ich begreife nichts davon, aber ich spüre, wie sich das Leben täglich ändert. Angefangen von den neuen Waren, die Mama einkauft, bis hin zu den Menschen im Alltag.

*

Das Leben wird gefühlt schneller, auch für mich, mit meinen 10 Jahren. Selbst zu Hause ändert es sich. Papa renoviert die Wohnung, verlegt neue Fliesen und klebt neue Tapeten an. Alle scheinen nur noch aufgeregt zu sein. Einzig unsere Küche, mit dem großen Ecktisch, mit der Zuckerdose und der Bonbonschale, ist eine Oase der Ruhe. Hier in der Küche bäckt Mama Kuchen und Rinat und ich schlecken den Rührbesen ab, mit dem sie die Sahne geschlagen hat oder wir wischen die Schüssel mit den Teigresten mit unseren Fingern blank. Papa füllt die Teigtaschen und ich forme mit ihm die Knödel. Bei der Erinnerung daran, muss ich lächeln. So wie Oma, wenn sie damals an Zuhause in Rybno dachte und ein kleines Lied summte.

Mama fährt oft zum Einkaufen nach Moskau und bringt schöne Kleider, Schuhe, Schokolade, Tee, Kaffee und andere Köstlichkeiten mit. Es ist jedes Mal spannend und wir freuen uns auf ihre Rückkehr. Papa sucht sich neben seinem Beruf noch Gelegenheitsarbeiten. Er ist ein begnadeter Handwerker. Es bricht eine hoffnungsvolle Zeit an. Papa macht sich mit einem Freund in der Baubranche selbstständig. Die Familie fährt im Sommer auf die Krim in den Urlaub und wir können uns dort in Aluschta eine 2-Zimmer-

Suite in der Pension „Blaue Welle" leisten. Alles inklusive, vom Frühstück bis zum Abendessen. Wir verbringen die Tage am Strand, schwimmen im Schwarzen Meer und werden von der Sonne braun. Außerhalb der Urlaubstage fahren wir oft mit anderen Familien, auf der Ladefläche eines LKWs, ähnlich eines KRAZ, an den Don, wo wir mit Ballspielen, spielen im Wasser und bei Fischsuppe und Grillleckereien die Tage verbringen.

*

Politik ist bei uns zu Hause kein Thema. Oder ich höre nicht hin. Im Fernsehen rauschen die Nachrichten nur so an mir vorbei. Sie interessieren mich nicht. Was ich wahrnehme, ist den Ansager, perfekt frisiert, der ganze Worttiraden von sich geben kann ohne auch nur einmal zu stottern. Ich sehe gerne die Bilder mit schönen Menschen und deren tollen Garderobe. Ich schaue mir Zeichentrickfilme an, ebenso Märchen- und

Kinderfilme, Konzerte und die Programme mit Wlad Listjew. Irgendwie wird er mein Held. Warum kann ich nicht genau erklären. Er ist der Spielleiter seiner eigenen Quizshow „Field of Miracles", bei der man in der vierten Runde entweder ein Auto oder einen Schlüssel für eine neue Wohnung gewinnen kann. Doch das ist nicht alles, er ist auch Journalist und ist in vielen politischen Programmen zu sehen, die er aus dem Ausland übernimmt und daraus eine russische Version entwickelt. Die Menschen mögen ihn, weil er frech ist und provoziert. In seinem eigenen Fernsehmagazin „Wsgljad" spricht Wlad Listjew unangenehme Wahrheiten aus. Gegen die Unterwelt und gegen die Politik. Heute weiß ich, dass es zwischen beiden gar nicht so große Unterschiede gibt.

Wlad Listjew ist eine beeindruckende Erscheinung. Dunkles Haar, eine riesige Brille, einen

Schnauzbart und eine eingehende, warme, dunkle Stimme. Von dem was er sagt, verstehe ich nicht so viel, weil ich die Zusammenhänge nicht begreife. Aber seine Art, wie er da ruhig und gefasst vor der Kamera sitzt, die Hände gefaltet und ab und zu über die Brille hinweg den direkten Augenkontakt sucht, dass alles übt eine Faszination auf mich aus.

1994 wird er Vizepräsident des Russischen Staatsfernsehen und Journalist des Jahres. Aber nicht jeder liebt diese Wlad Listyev. Nicht die Mafia, deren Einkünfte er durch ihn gekündigte Werbeverträge schmälert und auch nicht seine politischen Gegner.

Am 1. März 1995 wird Wlad Listjew vor seinem Haus erschossen.

Ich sitze auf dem Boden vor dem Fernseher, als die Nachricht kommt. Ich ahne mehr, als ich weiß, dass das mehr als nur den Tod eines

Menschen bedeutet. Eine ungeahnte Trauer kommt über mich, ich hebe den Teppich an und kritzele seinen Namen auf das Linoleum darunter. Ich fühle mich verletzt, weil ich ihn nun nicht mehr sprechen hören kann. Die Schüsse scheinen auch mich getroffen zu haben.

*

Der Tod von Wlad Listjew ist nur der Anfang von dem, was ich jetzt erlebe. Nach dem Sommerlager, in dem Rinat und ich die Ferien verbringen, trennen sich unsere Eltern. Als Papa uns abholt, rieche ich seinen Alkoholatem und weiß sofort, dass etwas nicht stimmt. Er ist wie immer glattrasiert, ist gut gekleidet und seine Schuhe glänzen. Papa ist fahrig, er ist irgendwie nicht wirklich da, ist gereizt. Zu Hause schläft er nun in einem eigenen Zimmer und verbringt auch die meiste Zeit dort, wenn er mal zu Hause ist. Es gibt des Öfteren Streit, Papa ist jetzt häufiger betrunken und versucht es nicht mehr zu verstecken. Mama und Papa schreien sich an. Einmal packt Papa Mama am Hals und ich versuche mich dazwischen zu drängen. Rinat ist wie gelähmt und sieht mit weit aufgerissenen Augen zu.

Irgendwann ziehen Mama, Rinat und ich in eine andere Wohnung.

Nun muss Mama uns alleine durchbringen. Als ob sich die Geschichte von Oma wiederholt. Papa hat nicht gewollt, dass Mama arbeitet, solange er bei uns gewesen ist. Doch wir haben gelernt zu überleben. Wir fangen also an wieder zu stricken. Socken, Fäustlinge, Handschuhe, Mützen, Schals. Oma, Mama und ich. Es dauert auch nicht allzu lange, bis wir schwarzgebrannten Schnaps produzieren. Doch es bleibt knapp mit allem. Nur wenn die Kleidung nicht mehr zu flicken ist, kaufen wir neue. Wir essen fast tägliche dasselbe und eine Fahrt ans Meer ist gar nicht mehr möglich. Papa zahlt den Unterhalt unpünktlich und manchmal nicht im vollen Umfang. Er ist nicht mehr mein Held. Von dem stolzen humorvollen Mann, der immer gerne sang und tanzte, scheint nichts mehr übrig zu sein, wenn wir ihn mal sehen.

Ich flehe ihn an mit dem Trinken aufzuhören. Sein Anblick ist schrecklich. Papa vergeht vor meinen Augen. Sein Blick ist mal traurig und mal trotzig. Seine Kleidung wird zusehends unordentlicher und er zeigt sich unrasiert. Er ist hungrig und er beschwört jedes Mal, wenn wir ihn treffen, dass er mit dem Trinken aufhören wird. Ich sehe die Tränen in seinen Augen. Begreife, dass es Tränen des Selbstmitleids sind, Tränen des Bedauerns darüber, dass die Familie nicht mehr bei ihm ist. Tränen der Erkenntnis darüber, dass er selbst der Grund dafür ist, wie alles gekommen ist. Das sind die Momente, in denen ich ihn wieder liebe. Liebe, auch weil ich ein Teil von ihm bin und immer sein werde. Aber es gibt kein Zurück für uns.

Mit ihm geht ein Teil meiner naiven Kindheit. Die Zeit der vielen Fragen und der vielen Antworten. Die Zeit der Unbeschwertheit und der Sorglosigkeit. Auch ich muss mich nun mehr um mich selbst kümmern.

Irgendwo zwischen diesem ganzen Auf und Ab bekomme ich von einem Jungen meinen ersten Erwachsenenkuss. So richtig, mit Zunge. Händchenhalten, einen Arm um die Taille oder die Schulter, das kannte ich schon. Es sind die kleinen spannenden Schritte, wenn man beginnt das andere Geschlecht interessant zu finden. Auch mal einen Kuss auf den geschlossenen Mund. Und dann, dann kommt Vadim. Einige Freundinnen haben ihm gesagt, dass ich ihn süß finde. Vadim ist drei Jahre älter als ich. Als Vadim mich einlädt, wird mir wohlig warm und ich kann meine Aufregung kaum verbergen. Als er mir seine Zunge in den Mund schiebt, fällt alle Glückseligkeit von mir ab. Es ist ekelig. Es dauert nur ein paar Sekunden. Ich wende mich ab und fühle mich schrecklich. Ich versuche zu verbergen, dass ich mir den Mund abwische. Und später auch auswasche, als Wasser in der Nähe ist. Er ist ein schöner junger Mann, aber ich kann es nicht ertragen, mit ihm alleine zu sein. Er ist höflich und verständnisvoll, nach ein paar Wochen gehen wir auseinander ohne, dass ich ihm erklären kann warum. Jahre später, als ich vom Schwimmbad nach Hause fahre, sehe ich ihn im selben Bus, doch ich drehe mich schnell weg und blicke in die andere Richtung. An der Haltestelle, an der ich aussteige, schaue ich zurück und da sieht er mich durch die Fensterscheibe an. Das ist das letzte Mal. Ich hoffe, er ist glücklich geworden.

*

Mein Leben als Teenager unterscheidet sich wahrscheinlich nicht von allen anderen Teenagern auf dieser Welt. Ich habe Freunde, ich feiere und ich habe meine kleinen Psychosen. Schäme mich für die Pickel in meinem Gesicht.

Mein Interesse an Jungs ist da, aber ich sehe keinen Grund, warum ich ihnen hinterherlaufen soll. Das ist erniedrigend. Ich genieße ihre Avancen in dem Bemühen um mich, behalte aber einen klaren Kopf. Sie möchten mich anfassen, sind aber zu schüchtern. So beginne ich, eine Ahnung von dem Gefühl der Macht zu bekommen. Mal eine Hand auf der Schulter zu spüren, mal an der Hüfte, um es dann mit einem Blick wieder zu beenden. Das ist schön. Es gibt ein paar Abenteuer, wie mit Maxim Klivak, dem großen, breitschulterigen Klassenkameraden. Immer selbstbewusst und modisch zurecht gemacht. Von dem Bartstyle aus dem Barbershop bis hin zu seiner tiefen Stimme. Wir gehen auf Partys, tanzen wild oder langsam. Zwischen uns entwickeln sich Wärme und Anziehung. Aber es hält nur eine kurze Weile. Ganz anders ist Oleg, mit seinen kurzen, hellen Haaren, den engen Jeans, T-Shirt, Hoodie, Baseballmütze und seinem Rucksack. Es ist

August und wir gehen spazieren, reden über das Studium und über den Alltag, bis Oleg meine Hand fasst und wir Hand in Hand weitergehen. Es ist eine vertraute Berührung und ich fühle mich leicht erregt. Olga Grigoryevna, unsere Mathematiklehrerin, sieht uns und meint: „Ihr seid ein wunderschönes Paar!" Oleg ist schon fast zu zurückhaltend, als er mich nach einem Kuss fragt.

Meine wahren Geliebten bleiben die Schule und der Lernstoff. Ich lerne hart und besessen, um die nötigen Punktzahlen zu erhalten. Nebenher nehme ich kleine Jobs an, um Geld dazu zu verdienen, während meine Schulfreunde in Diskos abhängen und bei Alkohol und Zigaretten die große weite Welt suchen. Wir sind nicht reich und Mama untersagt mir zudem Make-up und Disko's. Ich schwöre mir, dass ich eines Tages diese kleine Stadt verlassen und nach Charkiw gehen werde. Die beiden Male, als in der Schule eine Diskoveranstaltung stattfindet, bin ich eher geschockt, als begeistert. Nüchtern betrachte ich alles um mich herum, wie sich die Menschen in ihrem Benehmen verändern, je mehr Alkohol sie trinken. Die Jungens werden aufdringlicher und die Mädchen scheinen sich anzubieten. Pünktlich gehe ich zu der erlaubten Zeit von Mama nach Hause ohne auch nur den

Versuch zu machen länger bleiben zu dürfen. Zurück bleibt ein Zwiespalt von Langeweile und Stumpfheit über das, was ich gesehen habe und gleichzeitig die Neugier nach dem Verbotenen.

Ich schaffe meinen Abschluss zumeist mit der Höchstnote 5, außer ausgerechnet in Chemie und Russisch …4. Trotzdem weiß ich, dass ich besser bin als viele andere und mir mein Zertifikat einiges an Freiheit bescheren wird.

Für den Abschlussball bekomme ich ein extra für mich genähtes Kleid aus tiefblauem Stoff, der wie ein Nachthimmel ist, mit einem Schlitz auf einer Seite. Bei einer Schuhgröße von 35, ist die Beschaffung der Schuhe schon schwieriger, da mir nur italienische Schuhe passen. Meine Haare darf ich schulterlang schneiden lassen und zum ersten Mal werde ich frisiert. Mit dem vielen Haarspray habe ich das Gefühl, als wäre meine Frisur aus Draht. Oma kommt mit zum Ball. In blaquem Schick, der so schön zu ihren blauen Augen passt. Meine Tante, eine wahre Schönheit, trägt einen schwarzen Angora-Pullover und eine schwarze Hose. Mama kauft sich nur für den Ball einen blauen Hosenanzug, zu dem sie schicke Schuhe trägt.

In dem großen Saal in der Schule, der fein eingedeckt ist, bekomme ich mein Zertifikat. Ich bin stolz. Oma, Tante und Mama strahlen. Nach der Zeremonie gehen Oma und Tante, aber Mama bleibt bei mir. So wie das üblich ist. Die Eltern sitzen an Extratischen und die Jugend ist unter sich. Einige Jungen haben stärkeren Alkohol eingeschmuggelt, als für uns eigentlich vorgesehen ist und schon bald schlagen einige über die Strenge. Irgendwann kommt Mama und ermahnt mich, ich soll mich anständig benehmen. Ich weiß nicht, was sie meint und bin ein wenig gekränkt, meine gute Laune ist weg.

*

Charkiw. Endlich in Charkiw. Ich habe mir meinen Traum erfüllt. Mama ist mitgekommen, um mit mir die notwendigen Angelegenheiten zu erledigen und um mir bei den Aufnahmeprüfungen Beistand zu leisten. Wir bekommen ein Zimmer im Studentenwohnheim des Polytechnischen Instituts, in der Klochkovskaya Straße 219, im zweiten Stock. Mein Traum bekommt leichte Risse. An den Wänden hängen zerrissene Tapeten. Das Zimmer ist dreckig und die Betten haben Eisengestelle. Mama bleibt die erste Nacht dort und am nächsten Morgen sind wir zerbissen von Wanzen. Es ist ein Albtraum. In der zweiten Nacht lassen wir wegen der Wanzen das Licht an. Es reicht. Mama spricht mit dem Heimleiter und wir bekommen für die dritte Nacht ein anderes Zimmer in der neunten Etage. Wieder sind neue Formalitäten zu erledigen. Die Spannung wächst und jeden Tag stehen wir vor den schwarzen Brettern, an denen die Ergebnisse für die Aufnahme zum Studium angeschlagen werden. Es prickelt, es sticht, es macht demütig.

Ich betrete eine neue Welt. Ich habe bestanden. Alle Prüfungen mit Bravour und sogar die Chemie-Prüfung hat mir Spaß gemacht. Eine Oxidations-Reduktions-Aufgabe. Das war der Schlüssel um mich in der Fakultät für Chemie mit der Note „bestanden" einzutragen.

Ein paar Wochen später ziehe ich endgültig ein. Diesmal in die achte Etage, Zimmer 801 B. Es gibt keine Wanzen, die haben wohl gegen eine andere Übermacht aufgegeben, denn statt ihnen bevölkern ganze Horden von Kakerlaken das Zimmer.

*

Das Ziel ist erreicht! Charkiw ist die schönste Stadt der Welt. Ich fühle mich wie im siebten

Himmel. Unabhängig, frei, stark. Es ist wie ein Rausch. Hier kann ich alles kaufen, was ich brauche. Alles hier in der Stadt. Keine langen Einkaufsfahrten mehr. Bettwäsche, Decken, Kissen, Pfannen, Töpfe … und … und … und.

Meine Augen verschlingen alles um mich herum. Die riesigen Verwaltungsgebäude. Die grünen Parks, die es sogar innerhalb des Universitätsgeländes gibt. In den Gassen sind Cafés, es stehen Bänke herum und überall Menschen in ihren bunten Kleidern, die gesellig, freundlich und aufgeschlossen sind. Es ist einfach multinational, kulturell, trendy und bunt. Fast erschlägt mich die Fülle an Brunnen, Kinos, Brücken, Theatern, die sich abwechseln mit den Bahnhöfen, den Plätzen, den Lampen und den modernen Hochhäusern. Diese Stadt hat eine unglaubliche Infrastruktur aus Altstadt und Neubauten. Auf den ersten Blick habe ich mich in sie verliebt. Und erst die Hörsäle. Mein Gott, ich bin wirklich hier. Wir sitzen wie in einem Amphitheater in abgestuften Bankreihen. Ich fühle mich mega groß und doch gleichzeitig winzig klein.

Alles verändert sich fast stündlich. Mit dem Zug sind es 9 Stunden bis nach Hause. Alle 6 Monate besuche ich die Familie dort. Auch Papa. Aber ich spüre, dass ich mein eigenes Leben führe. Nichts wird wieder so sein wie vorher.

*

Der Herzschlag ist schneller und die Pulszahl höher. Die Lichter der Stadt verführen mich und ich tauche in diese neue Welt ein. Selbstständig. Ich rauche, ich trinke, ich treffe Männer. Unwichtige Begegnungen, Experimente, Enttäuschungen. Mehr Neugier als Gefühl. Vorbei die Bevormundungen und die Unsicherheiten der Kindertage. Zwischendurch immer wieder ein paar Tränen, wenn ich an zu Hause denke. Wenn sie zu viel werden, ersticke ich sie mit Partys, Alkohol und Geschäften.

Yulia geht mit Dima, den alle nur Harley nennen. Ein Typ, der von allen Mädchen angehimmelt wird. Ein Paar wie die Beckhams. Harley arbeitet bei Philipp Morris, einer Zigarettenfabrik und natürlich hat er auch Mittel und Wege, um Fehlproduktionen heraus zu schmuggeln. Nacht für Nacht bringt er sie in riesigen schwarzen Tüten mit. Yulia und ich machen daraus Packungen von je 200 Stück. Es dauerte nicht lange und wir haben einen Ring aufgebaut, in dem wir die Zigaretten verkaufen. Was für ein Leben. Vom Wollestricken, über Schwarzbrennerei bis zum illegalen Zigarettenhandel. Das Geld ist nur noch ein Haufen Papier, von dem wir uns Kosmetik, Disko, Kleidung und Restaurants leisten können. Wir sind wer. Jeder kennt uns. Das Studium wird fast unwichtig.

*

Da ist dieser Typ. Fröhlich, gesellig, verständnisvoll. Wir laufen uns immer wieder über den Weg. Treffen uns zufällig, verabreden uns. Maksim. Er wird mehr als nur ein Nachbar. Als wir uns küssen, verspüre ich zum ersten Mal den Drang es wieder und wieder zu tun. Ja, ich beginne sogar seine Küsse zu vermissen, wenn er nicht da ist. Es ist so ungewohnt. Ich versuche dagegen anzugehen. Entziehe mich ihm. Wir werden Freunde. Treffen uns weiterhin. Maksim geht des Öfteren mit meiner Freundin Leroux aus. Oft gehen wir zu dritt aus, sitzen zusammen und rauchen. Maksim verwechselt unsere Namen und spricht Leroux wiederholt mit Guzel an. Sie streiten nicht nur deshalb und schon bald trennen sich ihre Wege. Leroux tröstet sich alsbald mit einem neuen Mann. Es ist Frühling, im März 2004, als Maksim mich wieder einmal besuchen kommt, um Zigaretten zu kaufen. Wir plaudern. Es ist schön und ich biete im an, ein wenig Gras zu rauchen, von dem ich immer ein wenig auf Vorrat habe, weil Harley es stets mitbringt. Ich rauche es nicht regelmäßig, eher selten, aber heute Abend ist mir danach. Das Weed ist leicht und unsere Stimmung ausgelassen. Maksim und ich verabreden uns für morgen zu einem Einkaufsbummel. Den nächsten Tag verbringen wir zusammen ein paar Freunden. Es wird ein gemütlicher Nachmittag. Ich kaufe mir eine Hose und zum Abschluss essen wir Pizza und trinken Bier.

Alles ist anders. Immer wieder sehe ich Maksim an, wie er lacht, wie er erzählt oder wie er gespannt zuhört. Mir bleibt der Atem ein wenig weg und ich muss tief atmen, um dieses Gefühl, ihn berühren und küssen zu wollen, zu beherrschen. Dann will ich mich nicht mehr beherrschen und ich küsse Maksim, lasse mich fallen und ergebe mich dieser Wärme, diesem Verlangen. So tritt Maksim nun endgültig in mein Leben. Wir sprechen nicht groß darüber, weil wir es nicht verderben wollen. Jeder von uns behält anscheinend seine Freiheit, aber wir sind zusammen, sind ein Paar. Die Freundinnen sagen, dass ich mich verändere, aber ich habe das Gefühl schon immer mit Maksim zusammen gewesen zu sein. Im Sommer verbringen wir unseren Urlaub an der Schwarzmeerküste in Kertsch, wo Viktoria ein kleines Haus hat.

Noch etwas passiert in diesem Sommer. Oma stirbt. Unspektakulär, wie sie auch zu Lebzeiten war. Oma geht nach Hause, setzt sich an den Tisch und ruft meinen Onkel an und erklärt mit ihrer eigenen, unerschütterlichen Ruhe: „Mir geht es schlecht. Ich sterbe. Das Geld für die Beerdigung ist unter dem Fernseher!" Danach geht sie zu ihrem Bett, legt sich hinein und stirbt. Oma wollte immer schnell sterben, weil sie ihren Kindern nicht zur Last fallen wollte.

Nichts hält mich und schon am nächsten Tag bin ich in Swerdlowsk. Sie liegt auf dem Bett, in dem ich so oft mit ihr gekuschelt und geschlafen habe. Sie sieht so friedlich aus, gar nicht wie tot. Als würde sie sich nur einmal ausruhen. Zärtlich berühre ich ihre Hand, die so weich und glatt ist, von der Sonne gebräunt, und für einen Moment möchte ich sie anstupsen und sagen: „Komm Oma, steh doch auf, wir gehen raus!" Aber die beiden Münzen auf ihren Augen erinnern mich daran, dass das hier eine Totenwache ist. Warum diese beiden Münzen sein müssen, weiß ich nicht. Aber es sieht schrecklich aus. Oma ich liebe Dich für immer.

*

In diesem Herbst 2004 sind Präsidentschafts-
wahlen in der Ukraine. Der Präsidentschaftsan-
wärter Wiktor Juschtschenko erleidet einen Gift-
anschlag mit einer Dioxinvariante. In Wien rettet
man ihm das Leben. Proteste und Demonstratio-
nen setzen ein, wobei die Unterstützer
Juschtschenkos orangefarbene Kleidung oder
Fahnen tragen. Orange ist die Farbe seiner Politik.

Für uns wird es schwieriger. Ich trage keine
orangefarbene Kleidung mehr, weil hier, in unserem Gebiet, die Mehrheit gegen Juschtschenko
ist. Eine Freundin muss öfters einen Spießruten-
lauf auf sich nehmen, weil sie nur ihre orangefarbene Winterjacke hat. Ich bin unentschlossen,
mir gefällt es auch, dass ich von der Gegenseite
keine radikalen oder nationalistischen Untertöne
höre. Im Dezember wird Juschtschenko zum
Präsidenten gewählt. Wir merken die

Veränderungen. Allem voran das sprachliche Diktat. Es wird Wert daraufgelegt, nur noch ukrainisch zu sprechen. Die Lehrer haben ihre Anweisungen. Aber ich liebe den freien Geist von Charkiw, der immer einen Ausweg findet. Die Lehrer fragen zu Beginn der Kurse, in welcher Sprache wir lernen möchten. Wir stimmen für Russisch.

*

Zwei Jahre später mache ich an der Universität meinen Abschluss und muss dafür bezahlen, weil das so üblich ist, weil andere den Daumen heben oder senken. Ich kann mich streiten, ich kann mich widersetzen, aber das sind die 1.000 Griwna nicht wert. Geld ist da, was soll es also. So ist das System.

Eine andere Tatsache in diesem System ist es, dass junge Frauen ohne Berufserfahrung nicht so gerne eingestellt werden. Die Firmen beschäftigen bevorzugt Männer, weil die nicht schwanger werden und in Mutterschaftsurlaub gehen können. Tanya, eine Freundin von mir bringt mich in einer Wurstproduktionsfirma unter. Aber ich halte es dort nur zwei Monate aus. Die Jobsuche ist erniedrigend. Die Angebote werden nur geschrieben, um dem Gesetz, dass dazu verpflichtet auch Frauen einzustellen, Genüge zu tun. Der häufigste Satz in Vorstellungsgesprächen ist: „Sie sind nicht geeignet für uns!" Es ist zum Verzweifeln. Und nun zahlen sich die 1.000 Griwna doch noch aus, als ich genau den Lehrer anrufe, der sie erhalten hat, und er mit seiner Fürsprache dafür sorgt, dass ich in einer Fabrik als Laborantin des Zentrallabors, für die Durchführung einer chemischen Analyse des Wassers auf das Vorhandensein von Verunreinigungen, eingestellt werde.

Die Haare zu einem Dutt oder Pferdeschwanz gebunden, im weißen Kittel und mit geschlossenen Schuhen, arbeiten wir im Labor. Fast ausschließlich Frauen und nur vier Männer. Unser Chefmechaniker ist ein ehemaliger Soldat, Gleb Viktorovich. Er kann an keiner Frau vorbei ohne zu flirten und gilt als örtlicher Casanova. Aber er ist nett, liebevoll und voller Humor. Wir lachen beide über seine Versuche mit mir anzubändeln. Er ist eine Art Fels für uns, der sich schützend vor uns stellt. Ich glaube, wir sind Freunde.

Der Weg zur Fabrik ist umständlich und dauert 1,5 Stunden. Früh morgens stehe ich um fünf Uhr auf, wasche und schminke mich, frühstücke und mache mich auf den Weg.

Am 11. Januar 2007, einen Tag vor seinem 50. Geburtstag, stirbt Papa im Krankenhaus. Ich weine nicht. Ich gehe nicht zur Beerdigung. Rinat kümmert sich um alles Notwendige. Ich liebe

Papa für alles, was er mir gegeben hat. Für die glücklichen Momente, für das Selbstvertrauen, was er mir gegeben hat. Egal was auch immer in seinen letzten Jahren gewesen sein mag, ich weiß er liebte mich, er liebte mich so gut er konnte.

*

Maksim schreibt Mitte 2008 seine Diplomarbeit. Zusammen mit Tanya ziehen wir endlich aus dem Studentenheim aus und leisten uns zu dritt eine Wohnung in einer besseren Gegend, die näher zu meiner Arbeit liegt. Wir gehen alle arbeiten. Maksim schließt mit Auszeichnung ab und schafft es am Scientific Research Institute, wo er im Designbüro mit einem 3-D-Programm Zeichnungen erstellt, eine Anstellung zu erhalten.

Die Jahre rasen dahin. Es ist so, als ob man sie fast gar nicht wahrnehmen kann. Das Leben an der Seite von Maksim macht mich glücklich und beruflich entwickle ich mich weiter.

Im November 2011 ziehen wir nach Pavlograd, Stankostroiteley-Straße 12, Wohnung 64, wohin Maksim als Leiter des Designbüros in das Werk Pavlogradkhimmash versetzt wird. Zunächst arbeite ich noch am Marketing im Internet für einige Kunden, bis ich mich mehr um den Haushalt kümmere. Maksim ist oft auf Geschäftsreisen, mal nach Russland, mal nach Kasachstan. Wir kaufen das Auto von Maksim seinem Vater, einen Zhiguli 11.

Irgendwann bekommt mir das Essen nicht mehr so gut und ich muss mich ab und zu erbrechen. Bin ich schwanger? Ich habe eine Eileiterschwangerschaft in meiner Studienzeit gehabt und bin seitdem vorsichtig. Zu 80 Prozent kann sich das wiederholen, haben mir damals die Ärzte gesagt. Sicherheitshalber mache ich einen

Schwangerschaftstest. Er ist positiv. Sofort rufe ich Maksim an, der gerade in Kasachstan ist. Er ist die Ruhe selbst, als wäre er schon Vater: „Ja ... wir bekommen eine Tochter!" Dabei gibt es dafür noch gar kein Anzeichen. Seine Ruhe tut gut.

Mit Natalya Vasilievna Glodenko suche ich eine Schwangerschaftsspezialistin auf, die sofort einen Ultraschalltermin vereinbart, um eine weitere Eileiterschwangerschaft ausschließen zu können. Alles gut, ich bin tatsächlich schwanger, so richtig schwanger.

Wir halten es noch geheim, erzählen es niemanden. Es ist unser süßes Geheimnis. Dann wird der Bauch immer dicker und wir müssen mit der Sprache raus.

*

Als ich im achten Monat schwanger bin, verkaufen wir unser Auto und kaufen stattdessen einen Europaimport, einen Peugeot-Partner. Noch im selben Monat, Juni 2013 heiraten Maksim und ich auf dem Standesamt.

Es ist ein Sonntag, als ich am 28. Juli 2013 unsere Tochter Kira zu Welt bringe. Ein Sonntagskind.

Es ist nicht einfach. Die Wehen, die Schmerzen werden unerträglich, dass ich glaube die Besinnung zu verlieren. Ich denke sogar daran, dass ich sterben müsse und schreie das auch heraus, wofür ich von den Geburtshelfern heftig ausgescholten werde. Noch nicht einmal Maksim darf mich anfassen, weil ich das Gefühl habe, dass ich bei der kleinsten Berührung platzen werde. Sogar Worte und Geräusche bringen mich dermaßen in Panik, dass man mir eine Periduralanästhesie geben will. Eine Spritze in die Wirbelsäule.

Um mich herum Aufregung: „Atmen … nicht atmen … schreien …nicht schreien!" Ich höre die

Stimmen und begreife nichts, bis Maksim mir die Kommandos ins Ohr flüstert. Wieder und immer wieder. Er sagt mir, was die Ärzte sagen, die Schwester nickt dazu. Aber ich höre nur auf Maksim, meinem lieben Maksim. Ich weiß, alles wird gut, wenn er da ist. Und Maksim ist immer für mich da und jetzt auch für unsere Tochter, die jetzt auf meiner Brust liegt.

Es dauert eine Weile, aber dann stehe ich von dem Bett der Geburt auf und glaube fliegen zu können. Es ist so viel leerer Raum in mir, so viel gefühlte Luft, dass es mir fast den Atem verschlägt. Den Rollstuhl, der mich auf die Station bringen soll, lehne ich ab. Ich will laufen, gehen, fliegen. Ich will spüren, dass ich mich selbst bewegen kann. Das ich lebe.

An den kommenden drei Tage ist Maksim jeden Tag bei uns im Krankenhaus, dann nimmt er uns mit nach Hause.

Der Alltag hat uns bald wieder eingeholt. Ich bin viel mit Kira, wie wir unsere Tochter nennen, allein. Maksim ist sehr oft in der Fabrik oder auf Reisen. Im Herbst fahre ich für zwei Monate mit Kira zu Maksims Eltern in das Gebiet Donezk. Meine Stimmungen sind schwankend. Mal bin ich traurig, mal habe ich Konzentrationsstörungen. Ich habe keinen Appetit und schlafe auch schlecht. Vor allem grübele ich und zweifele an mir selbst. Es ist klar, ich habe Wochenbettdepressionen. Um mich herum heißt es: „Das ist doch normal, wenn man einen Schmerzschock erlitten hat!" Ach ja, diese guten Ratschläge. Mir ist es, als ob alles auf null gestellt worden wäre. Auf vorher und nachher. Also vor der Geburt und nach der Geburt. Das gilt aber nicht als Argument. Diese Veränderung wird allgemein stillschweigend akzeptiert oder auch gar nicht bemerkt. Im Zweifelsfall sollen

Beruhigungsmittel oder Antidepressiva helfen. Ich schaukle zwischen zwei Zuständen. Der eine ist die geglückte Geburt meines Kindes und der andere ist die Position eines Opfers. Ich bin eine Heldin, die gegen Windmühlen kämpft und in keiner der Positionen fühle ich mich glücklich.

Antidepressiva trinken, das Leben in sich selbst töten, mit dem Strom schwimmen, als wäre ein ruhiges Leben nicht mein Weg. Warum dann leben, wenn man sich selbst Sand in die Augen wirft.

Ein Leben ohne Schlaflosigkeit, ohne Hände-schütteln, ohne Aggressionsattacken, ohne Initiative, ohne Gleichgültigkeit, ist nicht möglich.

Der Versuch, Vergnügen zu finden, Freude in einer lauten Gesellschaft von Freunden, einer Flasche Wein, einer Zigarette, Essen, Einkaufen, ist der falsche Weg.

Auch Sport und Hobbies können mir keine Freude am Sein bereiten. Ich kann nicht jede Sekunde im Glück der Mutterschaft schwelgen. Aber es ist ein Geschenk, Mutter zu sein. Nur der Mutter wird das Gefühl der bedingungslosen Liebe geschenkt. Nur eine Mama weiß, wie man liebt, egal was passiert, nur eine Mutter weiß, wie man ihr Kind auf irgendeine Weise liebt. Ich möchte jede Sekunde in diesem Zustand leben, in dieser bedingungslosen Liebe baden, sie endlos ausstrahlen. Ich bin hin und hergerissen. Verfalle in Grübeleien und zerreiße mich an Zweifeln. Ich muss heraus, aus diesem Kreislauf der Gefühle.

Geburt ist Schmerz. All dies verursacht eine Reihe neuer Emotionen, eine Änderung des Verhaltens und der Lebensgewohnheiten, eine Ernährungskorrektur und eine Änderung der

Prioritäten. Das geht nicht reibungslos an jemandem vorbei.

Diese Bühne ist nichts für Weicheier, diese Bühne ist nur für Erwachsene.

Ich brauche psychologische Hilfe, um wieder zurück zu finden zu einer ansprechenden Lebensqualität.

Ich spüre irgendwann, dass ich schwächer werde und das darf nicht passieren.

Was hat mich schwach gemacht?

Furcht! Angst um das Leben meines Babys.

Alles beginnt damit, dass Kira sich an ihrer Muttermilch verschluckt und in einer Millisekunde in meinen Armen schlaff wird. Während meine Mutter ihre Nachbarin (Gynäkologin - Raisa Vasilievna) ruft, vergeht eine Minute. Während dieser Minute werde ich von einer schwarzen, dichten, dicken und klebrigen Angst verschluckt. Sie packt mich fest und kriecht in mich hinein, um mich regelmäßig verrückt machen zu können.

Als meine Mutter mit der Nachbarin angerannt kommt, lege ich Kira mit dem Bauch nach unten auf ihr Knie und schlage ihr auf den Rücken, zwischen die Schulterblätter, wodurch Milch aus ihren Atemwegen fließt. Ich will, dass sie weint … je lauter, desto besser. Ich will diesen Beweis, dass sie lebt unbedingt. Flehe um diesen Schrei. Raisa Wassiljewna, zieht Kira aus meinen Händen, legt sie wieder auf das Sofa. Ich beginne Kira in die Beine zu kneifen, um ihr Weinen zu hören. Aber Kira weint nicht. Raisa Vasilievna fragt mich, warum ich Kira kneife, denn es ist doch schon alles in Ordnung, Kira lebt. Aber es ist mir wichtig, sie weinen zu hören, denn die Kinder atmen leise und ich höre Kira nicht. Dann packt Raisa Vasilievna mich am Kopf und zieht mich an Kiras Nase, erst dann höre ich das Baby atmen. Ich nehme meine Tochter in meine Arme, spüre wieder den elastischen Körper und schlage sie auf den Popo und dann fängt sie an zu weinen. Erst in diesem Moment komme ich zur Besinnung. Offensichtlich hat diese ganze Geschichte nur bis zu 5 Minuten gedauert. Aber ich erlebe Emotionen, die mich mein ganzes Leben begleiten werden.

Nach diesem Vorfall muss ich vor dem Stillen mit einem speziellen Gerät Milch abpumpen und erst dann Kira die Brust geben. Ich habe viel Milch, ich drücke sie aus, damit Kira nicht am Druck erstickt. Dann muss das Kind 15 Minuten in einer aufrechten Position gehalten werden und danach kann das Kind hingelegt werden. Natürlich beginne ich nachts aufgrund dieser Aktionen weniger zu schlafen. Die Schlafqualität verschlechtert sich aufgrund der Sorge, ob Kira auch wirklich atmet.

Schlaflose Nächte beeinträchtigten das Nervensystem. Ich fange an, schreckliche Träume zu haben, in denen Kira aus meinen Händen fällt und in den dunklen Tiefen eines Flusses ertrinkt. Ich habe keine Chance, sie zu fangen, sie sinkt auf den Grund. Ich will nicht mehr und höre einfach auf zu schlafen, ich kann nicht einschlafen.

In meinem Kopf entstehend unzusammenhängende Gedanken miteinander zu arbeiten, deren ich mich nicht erwehren kann. Ich kann sie nicht aufhalten. Sie machten mich gegen jede Vernunft taub. Sie sind stärker als mein Wille. Verschiedene Szenarien steigen in mir empor. Immer ist Kira in Gefahr. Manchmal kommt es mir so vor, als wäre es kalt und sie fröre und ihr wird schlecht. Manchmal scheint es, als wäre die Luft in der Wohnung zu feucht und ein Pilz hat sich an den Wänden festgesetzt, der beim Einatmen in Kiras Lunge gelangt und ...

Ich höre auf zu essen. Das Essen geht nicht weiter als bis zum Hals, dort bleibt es stehen und ich musste aufstoßen. Ich habe stark abgenommen, die Haut an den Lippenwinkeln ist aufgeplatzt, Blutergüsse unter den sich ständig verschiebenden Pupillen meiner Augen.

Kira ist ungefähr 5-6 Wochen alt. Ich rufe Maksim an, der auf Geschäftsreise in Kasachstan ist, und sage, dass ich verrückt werde und Hilfe brauche.

Großvater Vasya, der Vater von Maksim, kommt am nächsten Tag an, bleibt eine Woche bei Kira und mir, sagt, ich soll unsere Sachen packen und bringt uns nach Dobropolye, wo Maksim aufgewachsen ist.

Die familiäre Wärme dort umgibt Kira und mich. Mein Appetit kehrt zurück. Ich fing an zu schlafen und an Gewicht zuzunehmen.

Mein Zustand wirkt sich auch auf Kira aus und sie wird auch ruhiger.

Aber auch die Angst bleibt in mir. Kehrt immer wieder zurück. Auch als ich später mit Maksim wieder in Pawlograd bin. Die Angst quält mich und so verliere ich nach und nach Frieden und Freude. Ich bleibe die Gefangene der Angst um mein Kind. Aber ich lerne dagegen zu kämpfen.

*

2014 beginnt der Krieg im Donbass, den wir nie für möglich gehalten haben. Der einfach viel zu weit weg ist in unseren Köpfen. Kira und ich sind gerade im Hof, als ein langsam anschwellendes Geräusch uns aufmerksam macht. Es wächst zu einem Brausen an und endet in einem ohrenbetäubenden Lärm. Ich verstehe meine eigenen Worte nicht mehr, habe nur Angst um Kira und versuche sie vor dem zu schützen, was da kommt. Ich nehme sie in die Arme, beuge mich über sie und starre in den Himmel. Es sind nur ein paar Sekunde, die mir vorkommen wie Stunden. Zwei Militärmaschinen fliegen sehr tief über uns hinweg. So tief, dass ich die Zahlen erkennen kann, die auf dem Rümpfen aufgemalt sind. In den kommenden Tagen verändert sich alles schlagartig. Das ganze Leben. Die Menschen reden wie wild miteinander. Warnen sich, geben sich Tipps. Im letzten Augenblick können wir unser Geld von der Bank holen, die kurze Zeit später Bankrott ist. Der Dollar und der Griwna spielen verrückt. Was sollen wir tun?

Besorgt beobachten wir die weitere Entwicklung im Donbass. Aber unser Leben muss hier in Pawlograd weitergehen.

*

Seit 2017darf Kira in einer Gruppe älterer Mädchen mitmachen. Sie lernt schnell und die

Lehrerin im Tanzunterricht, ist begeistert von ihrer Auffassungsgabe, ihrer Musikalität und ihrem biegsamen Körper. Sie wird rasch ein festes Mitglied im Tanzensemble „Kontraste".

Ach, es passiert so vieles, was ich und andere gar nicht so recht begreifen. Plötzlich sind wir eingesperrt, obwohl man uns sagt, dass wir befreit werden. Bis 2014 sind wir doch ein einziges Land ohne Grenzen gewesen. Und jetzt kommt meine Mama aus der Volksrepublik China nach Pawlograd, um Kira in die erste Klasse zu bringen, was ein stolzes Ereignis ist. Es ist ein schwerer Weg von Swerdlowsk nach Belgorod. Sie überquert die russisch-ukrainische Grenze zu Fuß, fährt nach Charkow und dann nach Pawlograd. Und früher? Da stieg man abends in den Zug in Lugansk und war am nächsten Morgen in Pawlograd. Es ist das letzte Mal, dass wir uns treffen, an den Händen halten und in die Augen sehen. Heute sind wir froh, wenn die Online-Verbindung hält und wir uns auf einem dieser seelenlosen Bildschirme oder Monitore sehen können. Zweidimensional, seelenlos und technisch.

*

Kira gewöhnt sich langsam an den Kindergarten. Zuerst nur 1 Stunde, dann bis 12.00 Uhr. Die Gruppe in der sie ist heißt Chomusiki, was so viel wie „Warum" heißt. Sicherlich, wegen der Neugier der Kinder, die ständig neue Fragen aufwerfen. Für die Kinder gibt es Spiele, sogar in den Ferien und vor allem auch als Vorbereitung auf die Schule. Die Zeit verfliegt, seit Kira da ist und manchmal überrasche ich mich dabei, dass ich ganz verwundert bin, wenn es schon wieder Frühling oder Winter wird.

Maksim ist wie immer auf Reisen und Kira im Kindergarten. Den Haushalt habe ich schnell erledigt und so überlege ich, wie ich noch etwas dazu verdienen kann. Nicht, weil wir es unbedingt brauchen, aber, um auch etwas Sinnvolles zu tun, dass mich bestätigt und das mir einen Wert verleiht. Was mich interessiert ist Kosmetik und so stürze ich mich wissbegierig auf alles, was darum herum angeboten wird. Enthaarungskurse, Augenbrauenkorrektur, Wimpernverlängerungen und so etwas. Ich übe klein, klein zu Hause. Mal an mir selbst, mal bei Freundinnen. Ich scheine Talent dafür zu haben. Nach einiger Zeit fühle ich mich so sicher, dass ich für ein paar Stunden am Vormittag in einem Salon arbeite, um Praxis zu erlangen und um mich weiter zu bilden.

*

Doch im Donbass tobt ein Krieg, den keiner wahrhaben will. Wir sehen die Militärkolonnen der LKWs mit militärischer Ausrüstung, mit den

Panzern, auf den Straßen von Pawlograd. Militärflugzeuge und Hubschrauber am Himmel, aber wir wollen es nicht wahrhaben, dass im Donbass Menschen sich gegenseitig totschießen. Wir merken es, weil der Wechselkurs abstürzt und viele Banken insolvent gehen. Wir begegnen immer mehr Flüchtlingen aus den Kriegsgebieten der Ukraine. Ich habe Angst. Meine Mutter, meine Tante und mein Onkel, mein Bruder und Cousins leben dort, wo geschossen wird. Rinat und seine Frau verlassen mit meiner Nichte Ulyana die Ukraine und fahren nach Tatarstan.

Ich will Mama zu uns holen, aber sie weigert sich. Sie hat zu viel aufzugeben. Freunde, Wohnung, Arbeit, Verwandte. Ich bin aufgeregt und würde auch am liebsten nach Tatarstan fliehen. Aber alles wird irgendwann zur Gewohnheit. Auch die Nachrichten. Freundschaften gehen an diesem Krieg auseinander und auch innerhalb von Familien beginnt er Mauern zu ziehen. Ich schließe Freundschaften mit Flüchtlingen, der Krieg scheint doch so weit weg zu sein. Die Zeit, der Alltag und die Entfernung macht alles zur Normalität. Und doch macht es Angst.

Maksim bringt eine Idee mit, auf die er bei seinen vielen Reisen und über seine Kontakte aufmerksam geworden ist. Schon lange träumen wir von einem eigenen Heim, etwas, dass uns gehört und so investieren wir in eine Wohnung in Irpin, wo gerade erst die Wohnanlage gebaut wird. Es wird noch einige Zeit dauern und es ist gut 600 Kilometer entfernt, aber es wird unser eigenes Zuhause sein. Unser Eigentum. Ich kann es kaum erwarten.

2021 ziehen wir in unsere eigene Wohnung in Irpin und fühlen uns sicher.

*

Am 24. Februar 2022, früh um 07.00 Uhr, ruft mich meine Schwester Albina aus Charkow an: „Guzel, der Krieg ist ausgebrochen!" Wieder einmal zerbricht alles und wird anders. Die Bedrohung ist größer. Der Westen und Amerika mischen sich ein und die Ukraine hat einen Präsidenten der das Land verteidigt. Ja, alle reden vom russischen Überfall, aber ich habe nur Angst um Kira, Maksim und mich. Ich will nicht in einem zerbombten Keller verschüttet sein und ich möchte nicht, dass mein Kind verletzt wird. Ich will nicht, dass mein Mann für irgendwelche Politiker in den Krieg ziehen muss, um andere Menschen zu töten. Ich zittere und ich verspüre kleine Wellen von Panik. Ich will davon nichts sehen und hören, doch es zieht mich immer wieder zu den Nachrichten. Ich will hier weg. Sofort rufe ich Maksim an. Kira steht mit großen Augen dabei. Sie ist alt genug, um die Gefahr und das

Schreckliche zu verstehen. Die Schule ruft an und gibt Bescheid, dass wir alle wegen der ausgebrochenen Feindseligkeiten zu Hause bleiben sollen. An was muss ich denken? Was soll ich tun? Was ist jetzt wichtig? Ja, die Papiere bereitlegen und was noch? Geld. Ich muss Geld von der Bank holen. Vor dem Haus treffe ich eine Bewohnerin, die mich davor warnt, unnötig auf die Straße zu gehen. Nichts ist mehr sicher hier in Irpin. Von der Bank gibt es kein Geld mehr. Die Menschen haben die Automaten schon geradezu geplündert. Alles was mir bleibt ist meine Kreditkarte.

Und es passiert, dass Unheil, die Tragödie. Granaten und Raketen schlagen ein. Häuser werden zerstört, Fenster splittern, Menschen schreien. Auch Kira und ich müssen in den Keller, wo wir ein wenig Sicherheit empfinden. Wir sitzen dort tagelang mit anderen

Hausbewohnern zusammen. In verschiedenen Räumen, zu Gruppen zwischen 8 bis 12 Personen. Die Kellerfenster sind zugemauert oder mit Sandsäcken dicht gemacht. Wir hören nichts Genaues. Manchmal zittert und vibriert alles. Dazwischen, wer Mut genug hat, hastet in die Wohnungen, um dort die Notdurft zu verrichten, um ein paar Sachen zu holen. Wir dürfen uns aus dem kleinen Kiosk versorgen. Der Besitzer hat telefonisch zugestimmt. Gewissenhaft schreiben wir alles auf, was sich jeder einzelne nimmt. Manche erleichtern sich auch im Keller. Wir klammern uns mental aneinander und ganz langsam entsteht in uns der Wunsch nach Freiheit, nach Sicherheit, an Flucht. Gruppen bilden sich und Pläne werden geschmiedet. Der eine weiß das, der andere dies und jeder hat seine Verbindungen. Was wir brauchen ist Mut.

Dann ist es soweit. Wir fliehen!

Von Irpin aus fahren Kira und ich in einer Kolonne von 5 Wagen. Es ist nur wenig Benzin in den Tanks. Wer volltankt, macht sich verdächtig. Jeder Wagen bekommt eine Karte, auf der die Wege eingezeichnet sind, wo mit dem geringsten Beschuss zu rechnen ist. In Zapraku können wir die Tanks vollmachen. Es muss schnell gehen, denn eine Ausgangssperre wird bereits angedroht, die bei einem Verstoß gegen sie, das Militär zur sofortigen Vollstreckung einer Exekution berechtigt. Im Keller der Dorfkirche liegen für uns Matratzen und Bettzeug bereit. Wir bekommen etwas zu essen. Ich bin heute noch dankbar für die Hilfe.

Wir müssen uns tarnen. Die Kontrollen werden dichter. Also tun wir so, als ob wir zu der Gemeindetruppe gehören, die gemeinnützige Hilfe leistet. Wir fahren nicht dicht zusammen, sondern teilen uns geschickt auf, zwischen

Mütter mit Kindern, zu einer ausländischen Großfamilie oder zu Taubstummen in einem Auto. In Rivne warten Freunde auf uns. Dort erhalten wir saubere Kleidung, können duschen und schlafen in einem sauberen, warmen Bett.

Der 4. März 2022 beginnt für Kira und mich mit einem Frühstück. Heute wollen wir weiter in den Westen der Ukraine, bis nach Czernowitz, wo wir Maksim treffen sollen, der aus Pawlograd dorthin unterwegs ist.

Unser Helfer hat das Auto gewaschen, getankt und durchgesehen, ob alles in Ordnung ist.

Am 04. März treffen Kira und ich mich mit Maksim in Ternopil. Einen Tag später sind wir in Nizhnyaya Apsha, wo uns Freunde eine Unterkunft besorgt haben. Wir sind auf der Flucht.

Gleich geht es weiter denke ich, als das Telefon klingelt: „Jaaa …?" frage ich vorsichtig. Am anderen Ende ist ein Seufzen und Schluchzen zu hören. Erst jetzt sehe auf das Display: „Tatjana?"

„Edik ist tot!" schluchzt Tatjana ins Telefon.

„Was? Wie? Wo?", stottere ich hilflos. „Es gab Alarm und als Edik in Deckung gehen will, explodiert eine Granate in seiner Nähe ... und aus ..." wieder Schluchzen. „Und ...?, aber bevor ich fragen kann sagt Tatjana: „Ich bin sofort mit dem Kleinen (ihr Kind) in den nächsten Keller geflüchtet. Edik habe ich da auf der Straße liegenlassen müssen." Sie weint. „Den Kleinen habe ich später mit dem Auto nach Luszk gebracht." Ich versuche sie noch zu trösten oder doch zumindest Beistand zu geben.

Mir wird klar, wie grazil die Brücke zwischen Leben und Tod ist. Wie unberechenbar das Schicksal ist. Ich beeile mich. Fahre mit Kira alleine weiter und schaffe es an diesem Tag gerade noch bis Ternopil. Schneller geht es nicht. Die Strecke ist stark befahren, überall immer wieder ein Stau. Keine Chance es bis nach Czernowitz zu schaffen. Ich bin erschöpft. Die Augen brennen mir, meine Glieder schmerzen und die Sorge um Maksim frisst mich auf. Er ist noch unterwegs. Was sollen wir machen. Wir beschließen hier in Ternopil zu bleiben und dort auf ihn zu warten. Ich komme ein wenig zur Ruhe. Die Welt um mich herum ist wie in einem Film. Die Menschen lachen, scherzen, gehen einkaufen, sitzen in Cafés und scheinen völlig unberührt vom Krieg zu sein. Von einer Bekannten, Yana, bekomme ich eine Adresse, wo ich mich aufhalten kann, da sämtliche Hotels belegt sind.

Mir wird ein wenig schwindelig, die Knie zittern mir und ich habe Angst jetzt einen Kollaps zu bekommen. Ich will einfach nur abschalten von diesem ganzen Elend. Der Zettel mit der Adresse verschwimmt vor meinen Augen. Aber ich muss stark sein, für mein Kind. Kira hat die ganze Fahrt über geschwiegen, hinten auf der Rückbank. Aber ich kann die Angst und die Müdigkeit in ihren Augen erkennen. Als sie sich jetzt zum ersten Mal meldet, will sie unbedingt ihren Papa sehen.

In mir ist eine Öde, ich bekommen keinen klaren Gedanken hin. Wie soll ich diese Adresse finden? Voller Verzweiflung wende ich mich an einen Motorradfahrer, der gerade auf einer Tankstelle sein Motorrad sauber macht, und frage ihn nach dem Weg. Sascha, wie er sich vorstellt, erkennt wohl meinen Kummer und lotst uns mit seinem Motorrad zu der Adresse. Wir tauschen unsere Telefonnummern aus, denn heutzutage weiß niemand, wann er die Hilfe von einem anderen gebrauchen kann.

Später, in der Unterkunft, bei Jana, klopft es an der Tür und ich kann meinen Maksim wieder in die Arme nehmen. Kira will ihren Papa gar nicht mehr loslassen. Diese Nacht verbringen wir alle drei endlich mal wieder mit einem Glücksgefühl und der gemeinsamen Geborgenheit. Ich falle in eine wohltuende Trägheit. Die Zeit liegt wie in einem Nebel. Ich esse Bortsch. Kein Gedanke an gestern, kein Gedanke an morgen. Nur heute ist wichtig, mein Kind und mein Mann. Es gibt keinen Krieg, weil ich nicht will, dass es Krieg gibt.

*

In den Augen von Maksim ist das Lächeln, das ich so liebe. Er lacht und scherzt mit Kira. Schwatzt mit ihr über ihren Hund Shing oder über ein heißes Sandwich, aber kein Wort über den Krieg, der uns nach hierhin verschlagen hat. Kiras Kichern füllt den Raum. Auch sie scheint zu vergessen, dass wir auf der Flucht sind. Das irgendwo hinter uns Menschen sterben. Es ist egal. Jetzt, in diesem Moment fassen wir das Glück an, dass uns so sehr wärmt und uns

Hoffnung gibt. Nur nachts, wenn alle schlafen, wenn es still ist und nur ich noch wach liege, dann kriecht die Angst in mir hoch, wie die Kälte in der Natur. Ich fürchte mich und das leiseste Geräusch lässt mich zusammenzucken. Ich bin nicht so stark und auch nicht so resistent, wie ich tagsüber tue. Lieber Gott, ich bin klein und schwach, ich finde keinen Halt, bitte gib mir Kraft.

Am 5. März 2022 fassen wir den Entschluss von Ternopil nach Nischnaja Apsha in Transkarpatien zu gehen, wo von Maksim Freunde und Bekannte sind, bei denen wir sicherlich erst einmal Hilfe und Unterkunft finden werden. Es hat keinen Sinn, dass wir uns getrennt auf den Weg machen. Ein Auto stellen wir unter und fahren dann gemeinsam.

Es ist alles gut. Wir sind zusammen und fahren einer unbekannten Zukunft entgegen. Ich bin so unendlich müde von dem allen, was um uns herum und mit uns passiert. Alles passiert so wahnsinnig schnell. Praktisch von einer Sekunde auf die andere. Es ist nicht so, wie in den Filmen, die ich gesehen habe, nicht so wie in den Büchern, die ich gelesen habe. Die Realität fasst uns an, unbarmherzig und nicht so kalkulierbar wie ein Drehbuch. Mir wird bewusst, wie wenig wir beeinflussen können, wir drei. Was wird aus uns. Was für ein Leben werden wir führen? Im Elend? In Armut? In Hunger? Wir haben doch nichts verbrochen! Und trotzdem sind wir ohne Arbeit und unser Zuhause ist bombardiert. Warum? Welche Schuld haben wir auf uns geladen? Ich finde keine Antwort auf meine Fragen. Ich frage sie still in mich hinein und die Antwortlosigkeit erstickt mich fast.

Irgendwann erreichen wir das Haus in dem Maksims Bekannte wohnen, die uns bei sich unterbringen. Das Haus liegt auf einem Berg und für einen Augenblick steigt die Illusion in mir auf, dass es eine Art von Festung sein könnte, in der wir alles abwarten und überstehen können. Nachdem wir gegessen haben, schlafen wir augenblicklich ein.

*

Es ist nicht einfach in dem Haus in Nizhnyaya Apsha, dass sich 4 Familien teilen. Wir drei, die Frau Lera mit ihrer Tochter aus Charkow. Freunde mit Frau und Kind, dazu noch eine Familie mit 3 Personen.

Wir geben uns alle Mühe. Feuern den Ofen mit Holz, sparen wo es nur geht an Wasser und Strom, denn das ist ein kostbares Gut und die Energieversorgung ist sehr teuer. Wer weiß schon, wann wir wieder an unsere Konten kommen oder ob uns überhaupt noch etwas bleibt.

Es funktioniert nur gemeinsam. Wir kochen zusammen, putzen das Haus, fegen den Hof. Abends versammeln wir uns, um uns gegenseitig Mut zuzusprechen und um uns Trost zu spenden. Es nutzt nicht wirklich etwas, doch wir klammern uns verzweifelt an die tröstenden Worte der anderen, so wie auch wir versuchen ihnen Hoffnung zu machen. Es ist so desillusionierend, alles verloren zu haben, auf der wenigen Habe zu sitzen und so zu tun, als gäbe es einen Neuanfang, an den niemand glaubt, der von denen abhängig ist, die uns in diese Lage hineingestoßen haben. Eine Lage, aus die wir uns alleine nicht wieder befreien können, egal wie wir uns strecken und bemühen.

Und doch, bei aller Herzlichkeit und gegenseitigem Verständnis, ist es ein Leben, wie in einem Ameisenhaufen. Es gibt keine Stille, kein Alleinsein, keine Intimsphäre. Das Leben ist öffentlich, es ist Gemeinschaftsgut. Ich werde von Tag zu Tag schwächer und ich glaube vor Müdigkeit nicht mehr stehen zu können. Ich brauche Zeit für mich. Mein Kopf quält mich und mein Herz tut mir weh, wenn ich Kira sehe und mir Gedanken über die Zukunft von ihr mache. Was hatten Maksim und ich für Pläne für sie. Was haben wir alles für sie vorbereitet. Und nun? Alles unter Schutt und Asche begraben, von Despoten die skrupellos ihre Interessen vertreten, ohne Rücksicht und ohne Mitleid für das Leben anderer. Meine Versuche aus der Nähe der anderen einmal auszubrechen scheitern. Ich versuche es mit Spaziergängen mit Shiny, aber auch das ist chancenlos. Sofort sind die Kinder an meiner Seite. Die Hoffnung, dass ihre Fröhlichkeit mich ablenkt, ist trügerisch. Ich komme nicht aus meinen Gedanken heraus. Ich brauche dringend Ruhe.

Manchmal sehe ich alles um mich herum, wie von einem Beobachtungsstand herab. Ich bin dabei, als wir auf der Straße in einem Kessel Pilaw kochen. Ich höre mich mit den anderen singen, sehe mich, mit ihnen Spiele zu machen. Ich höre die Erinnerungen an Charkow und die Familientreffen in den Datschen. Doch ich bin gleichzeitig auch nicht dabei. Was mich fröhlich macht, macht mich ebenso traurig. Fieber wirft mich auf das Krankenlager, aber ich wehre mich. Ich kann nicht aufgeben. Ich muss Kira verteidigen. Das kann ich nicht, wenn ich krank bin. Das würde bedeuten, dass ich sie nicht retten kann. Das darf nicht sein. Mein Körper scheint zu begreifen, was mein Geist denkt und ich erhole mich nach ein paar Tagen wieder.

Es gelingt mir, mich mit der Verantwortung für Kira auch selbst wieder in die Bahn zu bringen. Sie hat sich gut erholt, ist unbeschwert.

Spielt mit den anderen Kindern. Ihr Appetit ist gut, was vielleicht an der frischen Bergluft liegt. Wir beginnen mit Schularbeiten. Lesen, schreiben, rechnen. Wenn es die Gelegenheit gibt, dann lernen wir aus Schulaufgaben im Internet.

Zu Hause fallen weiter Bomben und fliegen Kugeln, sterben Menschen, Mütter weinen um Ihre Söhne und viele beginnen zu hassen. Was für ein Wahnsinn.

Niemand von uns weiß, was mit der Ukraine passieren wird. Wird sie weiter bestehen? Wird sie wieder aufgebaut? Wird Kira dort eine Zukunft finden? Als was oder wer? Wie lange wird der Krieg noch dauern? Hier auf dem Berg können wir nicht ewig wohnen. Wir sind nur aufgenommen worden. Uns gehört hier nichts. Fragen, immer wieder Fragen, ohne Antworten.

Und dann, die Frage: „Auswandern?" Rosa, eine Freundin aus Charkow trifft ein und wirft eines Abends diese Frage auf. Nach Kanada gibt es Möglichkeiten. Mir bleibt das Herz stehen. Was für eine verwegene Idee. Ist das ein Ausweg? Eine Alternative? Was ist, wenn der Krieg die West-Ukraine erreicht? Wenn auch hier die Bomben fallen und die Raketen einschlagen? Vielleicht sogar über die Grenzen hinaus. Was habe ich zu verlieren? Was hat Kira zu verlieren? Welches Risiko ist das größere? Die Tage verfliegen und der Gedanke sitzt in meinem Kopf. Ich schlafe mit ihm ein und ich wache mit ihm auf. Ich spreche darüber mit Maksim. Er stimmt mir zu, macht mir Mut. Zum wiederholten Mal ein Gespräch mit Rosa. Sie ist überzeugend. Gut! Versuchen wir es. Kanada, das Land, in dem es keinen Krieg gibt, wo keine Bomben fallen und Kinder keine Angst haben müssen, auf der Straße erschossen zu werden!

*

17. März 2022 sind wir an der Grenze zu Rumänien.

Maksim darf nicht mit. Das wissen wir, deshalb ist die Entscheidung auch so unsagbar schwergefallen. Er darf nicht ausreisen, weil er dem Krieg zur Verfügung stehen muss, ob er will oder nicht. Es ist gespenstisch. Wir klammern uns aneinander und sagen uns, dass es nur für kurze Zeit sein wird, dass der Krieg jetzt, hier, für uns ein Ende haben wird. Wir belügen uns, wir lachen, wir weinen miteinander, wir küssen uns und doch haben wir die Hoffnung, dass wir in eine sichere Zukunft gehen.

Die Fußgängerbrücke über die Grenze scheint endlos zu sein. Drüben werden wir von vielen Freiwilligen begrüßt und man nimmt sich unser an. Die Zelte sind beheizt und wir bekommen zu essen und die Kinder obendrein Süßigkeiten. Alle sind eifrig um uns bemüht und fragen immer wieder ob wir etwas brauchen. Und je mehr man fragt und nickt und lächelt, umso größer wird die Bitterkeit in mir. Das Gefühl nichts zu sein. Ich fühle mich wie ein moralisches Spielzeug für alle diese freundlichen Menschen. Sie meinen es gut, aber ich fühle mich diskriminiert. Absurd, aber ja, ich fühle mich durch diese penetrante Empathie diskriminiert, wie ein Mensch zweiter Klasse. Es ist falsch, dass ich so empfinde, aber diese ganze Hilfsbereitschaft beginnt an mir zu kleben, wie der Saft von Zuckerrüben. Verzeiht mir, dass ich so denke, ich kann nichts dafür. Es ist nicht böse gemeint und ich weiß, dass ich auf Euch angewiesen bin.

Bleib cool Guzel, sagt mein Kopf, obwohl mir mein Bauch etwas anderes mit seinem dumpfen Gefühl signalisiert. Mit jeder Stunde und jedem Tag fühle ich mich mehr entwurzelt und verliere meine Identität. Ich bin eine gepflückte Blume die zwar vom Wasser trinkt, aber es ist geschmackslos und hält mich nur noch am Atmen. Die Sonne scheint auf mich, aber sie hat ihren Glanz verloren und wärmt mich nicht mehr. Es ist ein langsames Sterben in mir, meiner Seele und meiner selbst.

Es gibt kostenlose Busfahrten nach Deutschland, Italien, Spanien. Für Kira und mich ist der Bus nach Deutschland wichtig. Zunächst nach München. Danach müssen wir es nach Berlin schaffen, von wo Flugzeuge nach Kanada gehen. In Berlin wartet eine Unterkunft auf uns, die uns Elvira, eine Freundin aus der Ukraine, besorgt hat. Da können wir solange bleiben, bis wir ein Visum für Kanada haben.

Die Busfahrt nach München dauert die ganze Nacht und den nächsten halben Tag. Gott sei Dank ist Kira so erschöpft, so dass sie in einen fast besinnungslosen Schlaf fällt. Sie liegt auf meinen Füßen. Gedanken quälen mich. Was tue ich nur. Ist das so richtig. Im Laufe der Zeit werden mein Gesäß, meine Beine und mein Rücken gefühllos. Dann, nach einigen Stunden beginnt der Schmerz von mir Besitz zu ergreifen. Ich bin in meinem Inneren verletzt und Bitterkeit über das alles steigt in mir auf. Mein Körper tut weh. Ich leide. Mein Gewissen plagt mich. Verdammt, was bin ich doch für eine Versagerin. Wirklich? Nach Kanada? Ist mein Platz nicht zu Hause? In der Ukraine? An der Seite von Maksim? Was tue ich denn nur? Was hat mich nur hierhin, in diesen Bus, gebracht? Nein, es ist alles richtig so. Ich muss Kira eine Chance geben. Ihre Zukunft in Frieden sichern. Sie wegbringen von dem Morden und dem Hass. Sie soll davon unberührt aufwachsen und sich dann eine Meinung bilden. Maksim ist stark, er wird überleben und bald bei uns sein. Findet bestimmt eine Möglichkeit.

Und dann holt mich die brutale Realität ein. Ich sitze in einem Bus, der durch die Nacht fährt. Ich weiß nicht wo ich bin. Habe nur einen Namen ... München. Es stinkt nach Erbrochenem in dem Bus und ständig rülpsen irgendwelche Personen ohne irgendeine Hemmung. Der Geruch ist widerlich. Einer der Begleiter ist im Bus unterwegs und verteilt Kotztüten.

Ich bin fast besinnungslos, als wir in München aussteigen und zum Bahnhof gehen. Kira hält sich tapfer. Schaut neugierig umher: „Ist das Deutschland?" Ja, das ist Deutschland. Es ist regnerisch und um die 10 bis 12 Grad. Wieder landen wir in Zelten und bei der Betreuung durch die Freiwilligen. Man versucht sich mit uns durch Gesten und mit Sprachakrobatik zu verständigen. Endlich am Bahnhof bekommen wir eine Broschüre in rumänischer Schrift, die uns vor Betrügern und Dieben warnt. Wir werden

angehalten, nur den freiwilligen Helfern zu vertrauen. Zu oft werden Frauen in Deutschland
Opfer von Kriminellen. Es dauert noch einen halben Tag, bis ich mit Kira und anderen Flüchtlingen den Regionalzug nach Berlin besteigen kann.
Die Fahrt ist für Ukrainer/innen kostenlos.

*

18. März 2022. Wir treffen mit dem Regionalzug in der Stadt Falkensee ein, die gleich am
Rande Berlins liegt. Ich komme mir verloren vor.
Halte ich mich an Kira fest oder sie sich an mir?
Überall stehen Menschen mit Namensschildern.
Fragende Gesichter auf beiden Seiten. Auf der einen Seite hoffnungsvoll, gleichzeitig aber ent-
würdigend. Ich entdecke unseren Deutschen
Kontakt. Ein besorgt aussehendes Ehepaar um
die 50 bis 60 Jahre alt. Ich lächele und ernte ein
ebenso schüchternes Lächeln zurück. Wir sind
alle ein wenig betroffen, verklemmt. „Guten

Tag" bringe ich heraus. Kira sagt nichts, schaut die beiden mit großen Augen an. Fast ein wenig ängstlich. „Haben Sie Covid-Impfungen?" Man hat uns auf diese Frage vorbereitet und ich nicke. Tina und Chris, unsere Gastgeber, führen uns zu einem alten Auto.

Sie wohnen in einem sehr schönen, sauberen Haus. Unser Zimmer, dass sie uns zuweisen ist aufgeräumt und gepflegt. Dort liegen Zahnbürsten und Deoartikel. Die Toilette, die Dusche, alles bekommen wir zu sehen. Die Mahlzeit esse ich automatisch ohne dass ich weiß, was es ist. Kira und ich duschen noch, dann fallen wir ins Bett. Ich traue mich kaum zu atmen und lausche auf die Geräusche um mich herum. Es ist, als ob ich in einem Lager oder in einem Gefängnis bin. So stelle ich mir das vor. Nichts von dem allem hier ist meins. Ich bin geduldet, fühle mich wertlos. Ich habe Angst, etwas Falsches zu tun. Ich traue mich nicht auf die Toilette, weil ich befürchte, die Spülung könnte stören oder zu viel über mich verraten. Meine Intimsphäre ist völlig aufgelöst. Ich bin ein Produkt der Flüchtlingsindustrie. Obwohl ich weiß, dass es die Menschen gut meinen, fehlt mir die Dankbarkeit. Es ist, als ob ich eine leere Seite in einem Buch bin, dass eine große Geschichte erzählt. Eine Vakatseite ohne Seitenzahl, ohne Inhalt. Die Tränen, die mir über das Gesicht laufen schmecken salzig und ich unterdrücke mein Schluchzen, weil ich Kira nicht wecken will.

Am nächsten Tag verstecke ich mich in den Anträgen für das kanadische Visum. Alles in Englisch. Ich tue mich schwer. Weiß nicht, was die Worte bedeuten. Was man von mir wissen will. Aber das Handy und das Internet funktionieren und ich nehme Kontakt mit Kiras Englischlehrer in der Ukraine auf. Wie gut das tut.

Eine kleine Insel in dem riesigen Ozean voller neuer Eindrücke. Ein kleiner Halt in dem Sturm der Gefühle.

Es ist nicht einfach. Das Kanadische Konsulat ist überlastet. Nehmen zurzeit keine weiteren Anträge an. Ich befinde mich in einer Warteschleife. Ich suche nach weiteren Möglichkeiten mein Anliegen zu beschleunigen. Aber da ist die Sprache, die ich nicht kann oder die meine, die nicht verstanden wird. Es ist, als ob ich in einen tonlosen Raum hineinschreie, als ob ich in einer psychogenen Aphonie gefallen bin. Ich schreie, jede Minute, aber niemand scheint mich zu hören, niemand gibt mir Antwort.

Je länger die Antwort der Kanadier ausbleibt, umso größer werden meine Zweifel an der Entscheidung dorthin zu gehen. Langsam bekomme ich eine Vorstellung davon, wie weit Kanada entfernt ist. Wie weit ich von allem getrennt sein werde. Was ist, wenn Mama mich braucht? Wie soll ich zu ihr kommen können? Was ist, wenn ich die Familie brauche? Entwurzele ich mich selbst noch mehr, als es der Krieg bis jetzt getan hat? Ich verliere mich selbst. Ergebe mich in Hilflosigkeit, um nicht mehr für Kira und mich verantwortlich sein zu müssen, weil die Verantwortung mir den Atem raubt und mich lähmt. Je weiter ich mich von allem entferne, desto verlorener werde ich sein. Ich werde nicht mehr sprechen können und wenn ich nicht mehr rede, dann bin ich auch nicht mehr.

22. März 2022. Maksims Schwester hat es auch geschafft und kommt in Falkensee an, wo sie von einer deutschen Familie aufgenommen wird. Ein kleiner Trost, miteinander reden zu können, sich zu sehen, sich zu berühren und sich gegenseitig zu trösten. Sie fühlen wie ich und ich wie sie. Schön.

Wir lernen Kada, einen Deutschen mit türkischen Wurzeln kennen, der sich mit den Behörden auskennt. Zum ersten Mal erfahre ich davon, dass es für Ukrainer/innen gute Bedingungen gibt, um in Deutschland Asyl zu bekommen. Es gibt finanzielle Hilfe, Kira kann hier zur Schule gehen. Ich kann einen Sprachkurs belegen und sogar arbeiten. Ganz weit da hinten, ganz weit am Horizont, scheint ein wenig Licht aufzukommen, ein wenig zu schimmern. Kada hilft uns bei den Dokumenten. Es ist viel zu schreiben und zu beantragen. Es bedeutet auch, dass wir jederzeit wieder in die Ukraine zurückkehren können. Vielleicht wenn dort wieder Frieden ist oder wenn unser Herz zu schwer wird oder wenn der Kopf es hier nicht mehr aushält. Hier, wo nicht meine Heimat ist, sondern mein Asyl.

Chris beteuert noch einmal, dass wir bei ihnen solange wohnen können wie wir nur wollen. Noch immer nichts von Kanada. Ich telefoniere mit Maksim. Er hofft, dass er noch in diesem Jahr nachkommen kann. Also beschließen wir, dass Kira und ich in Deutschland bleiben werden. Und doch, ist es wie eine Fahrt durch den Nebel. Ich reagiere auf den Alltag mit Reflexen. Ziehe mich an, um nicht zu frieren. Esse, um gehen zu können. Schlafe, um meinen Geist gebrauchen zu können. Es dreht sich um Belangloses, was mir so wichtig erscheint. Kira scheint es nicht anders zu gehen. Wir bewegen uns wie zwei Geister, wie zwei Untote, die man zwar sieht, durch die man aber hindurchsehen kann. Wir sind hier wie angebunden, können nicht einfach so zurück in die Ukraine, weil wir in uns selbst erstarrt sind, obwohl wir uns beide danach sehen, nach Hause gehen zu können, in unser Heimatland,

die Luft dort zu atmen und unsere Sprache sprechen zu dürfen. Die Menschen dort zu treffen
und endlich wieder in den Armen meines geliebten Maksim zu sein. Ich bin so allein. Aber vielleicht gibt es das auch nie wieder und es ist für
immer verloren. Noch immer fallen dort Bomben, noch immer gibt es dort den Tod und der
Krieg verwüstet nicht nur das Land, sondern
auch die Seelen seiner Bewohner/innen. Und ich
verkrieche mich in einem fremden Land, lasse
mich aushalten und bedauern. Ja, man ist um
uns bemüht, aber es bleibt so kalt in meinem Inneren, dass ich tatsächlich friere. Kira flüchtet
sich in wahre Fressattacken. Sie will ständig essen. Wir sind beide aus dem Gleichgewicht. Wir
haben keine Balance mehr zwischen Körper und
Seele. Zwischen Dasein und Herz. Wir leben in
Deutschland und fühlen mit dem Herz der

Heimat. Irgendwo dazwischen treiben wir durch die Zeit ohne zu wissen, wo wir ankommen werden.

Unsere Vereinnahmung geht weiter. Chris meldet uns bei sich an und unser Name kommt draußen an den Briefkasten. Ach, ich bin so ungerecht, aber ich fühle mich wie ein Preisschild des Guten, dass man stolz zeigt. Es ist nicht so gemeint. Wir brauchen eine Adresse und auch die Post muss wissen, wo sie uns erreicht. Aber es ist alles so fremdbestimmt. Wir haben nicht mehr über uns selbst das Sagen. Als ich beschlossen habe die Ukraine zu verlassen, habe ich mich selbst degradiert und mich zweitklassig gemacht. Früher habe ich den Kopf erhoben gehabt und nachdem Horizont geschaut. Heute blicke ich vor mir auf den Boden, um den Blicken anderer aus dem Weg zu gehen und um nicht auf irgendeinem verbotenen Weg zu laufen. Die täglichen Begegnungen und Erlebnisse drücken mich zu Boden. Aber der Gedanke an Kira lässt mich immer wieder aufstehen, um nach dem Guten zu suchen, wie der Goldgräber nach Gold. Mich an eine Hoffnung zu klammern, die ich nicht beschreiben kann, die es gilt wieder zu erwecken. Sie ist da, aber liegt im Verborgenen. Ich bin gegangen, habe meine Heimat verlassen, weil ich Mutter bin, weil ich mein Kind beschützen will, vor Tod, Elend und Krieg. Doch ich habe mich selbst dabei aufgegeben, bin nicht mehr ich selbst.

Und wie geht es Kira? Sie macht mir Sorgen. Jeden Tag schüttelt sie sich vor Angstanfällen. Sie schaut aus dem Fenster, fragt, ob der Krieg auch hierhin kommt. „Mama, wir haben gar kein Auto. Wir können gar nicht fliehen!" „Kira, Engelchen, der Krieg kommt hier nicht hin!", versuche ich ihr die Angst zu nehmen. Aber kann ich mir sicher sein? Oder belüge ich sie? Die Politik ist unberechenbar. In Russland, in der Ukraine, in den USA, in Europa. Die Politik spinnt ihre eigenen Fäden und wir alle hängen hilflos dazwischen und müssen zusehen, dass wir nicht mitschuldig werden, dass wir überleben, dass wir ein Stück vom Glück abbekommen. Für das Glück müssen wir selbst sorgen, den Tod, den Krieg, den bringen die anderen über uns. Kira weint viel. Weint oft. Ohne sichtbaren Anlass. Plötzlich, in stummen Leiden. Wenn ich es sehe, nehme ich sie in meine Arme und versuche sie zu erheitern, was mir manchmal gelingt. Meine zarte Blume. Ich zeige Ihr auf einer Karte, wie weit Deutschland von der Ukraine entfernt ist und versichere ihr, dass, wenn der Krieg kommt, wir ganz schnell eine Busfahrkarte oder ein Eisenbahnticket kaufen werden und fahren einfach weg. Aber das hilft nur für ein paar Stunden. Ihre

Angst kommt wieder. Jeden Tag. Sie leidet … Mama, meine Beine zittern … Mama, warum ist der Krieg … Mama, ich hasse alle die Krieg machen … Mama, ich will nach Hause … Mama, wie geht es meinem kleinen Shing … Mama, ich will mein Zimmer wieder haben … Mama, wie geht es meinem Papa … Mama … Mama. Ich höre sie in das Kissen weinen, ich höre ihr Schluchzen. Mein Gott, was habe ich getan?

Chris leidet mit. Er versucht sie abzulenken. Spielt mit ihr, liest ihr aus Büchern vor und kauft ihr sogar ein Fahrrad und bringt ihr bei damit zu fahren. Er pflanzt mit ihr Blumen im Garten. Doch das sind nur Momente, Augenblicke, die ablenken, die beschäftigen. Die Angst bleibt ein ständiger Begleiter, der in deinem Herzen sitzt, der deinen Geist beherrscht. Der dich wieder anfasst, wenn du alleine bist, wenn du dich erinnerst und wenn du darüber nachdenkst. Er ist ebenso bei dir, wie die Tränen in der Nacht.

Ich besuche zweimal in der Woche einen Deutschkurs. Manchmal ist Kira dabei, manchmal bleibt sie bei Tina und Chris, der von zu Hause arbeitet. In dem Kurs sind Ukrainer/innen die vor dem Krieg geflohen sind. Die Flucht hat uns alle gleich gemacht. Wir sind deprimiert, verängstigt und erdrückt von den völlig neuen Lebensbedingungen. Wir sind erschöpft und träumen von zu Hause. Mit den Deutschen ins Gespräch zu kommen ist nicht so einfach, wegen der Sprache. Da können wir noch so viel versuchen zu lernen. Noch bringen wir außer ein paar gängige Sprachfloskeln nichts zustande. Auch Google hilft uns nicht mit den absurden Übersetzungen. Die Deutschen verstehen uns nicht und wir wissen nicht, was wir da gesagt haben.

Missverständnisse sind vorprogrammiert, auch Wut oder Abkehr. Auf beiden Seiten.

In meinem Kurs sind Mädchen aus Charkow, Kiew und Pawlograd, wo Kira geboren worden ist. Was zunächst wie eine Befreiung erscheint, verliert sich mit der Zeit in der Einsamkeit des Einzelnen. Und noch etwas geht verloren. Mein Lachen. Es ist so selten geworden, dass es mir selbst auffällt.

Ende März 2022 unterstützt uns Deutschland mit dem ersten Geld, 780 Euro. Ich starre darauf und weiß nicht, wie ich mich freuen soll. Deutschland muss das nicht tun, das weiß ich, aber es fehlt mir neben der Freude auch die Dankbarkeit dafür. Ich wünsche, ich könnte mich dazu zwingen. Macht es mich glücklich? Ich weiß es nicht, es ist so belanglos, so wertlos. Im Geschäft weiß ich nicht, was ich kaufen soll. Ich verstehe nicht, was auf den Packungen steht.

Ich starre darauf und empfinde noch nicht einmal Verlangen. Um mich herum hasten die Menschen mit ihren mehr oder wenigen gefüllten Einkaufswagen durch die Gänge mit den Angeboten. Mit sicheren Schritten gehen sie zu den Regalen und greifen bewusst die eine oder andere Ware und schon sind sie weiter. Ich weiß nicht was ich auswählen soll und sehe die Blicke, die mich unauffällig mustern. Ich denke: „Sie sehen es mir an, dass ich nicht von hier bin. Ich bin eine Fremde, die sie stört in ihrem geschäftigen hin und her." Fast schon wie ein Alibi kaufen Kira und ich uns Eis, setzen uns an den Falkenhagener See und genießen die kalte Köstlichkeit. „Mama, wann sind wir wieder zu Hause?" Immer häufiger versuche ich aus dem Haus von Tina und Chris zu entkommen. Es erdrückt mich. Am Falkenhagener See kann ich mit Kira von zu Hause träumen, bis die Bilder der

Ruinen, der Gestank des Kellers und das Dröhnen der Bombeneinschläge den See vor uns wieder verschwimmen lässt.

Ich beginne damit zu versuchen, meine Angst mitzuteilen und schreibe sie auf viele kleine Zettel. Ich kann nicht darüber mit jemanden reden. Mit wem denn? Mit anderen Ukrainern/innen, die dasselbe fühlen? Wem soll das helfen? Mit Tina und Chris, die es nicht verstehen und vielleicht sogar als Kritik an sich aufnehmen? Oder gar mit Kira? Auf gar keinen Fall. Ich kritzele auf das Papier von der Angst etwas Falsches zu tun. Beim Essen, beim Trinken, beim Atmen, beim Gehen, beim Reden und beim Schweigen. Alles was ich tue wird ständig registriert, wird bewertet. Kontrolle, ich fühle mich total kontrolliert. Warum löse ich diese Fesseln nicht? Warum gehe ich nicht einfach fort. Warum kehre ich nicht heim? Von Tag zu Tag werden es mehr

Dokumente, Bescheinigungen, Erklärungen, die sich wie Ketten um meinen Hals legen. Die sein müssen, die aber auch wie Schlingen erdrücken zu scheinen.

Ach, ich bin ungerecht. Das weiß ich. Aber die Umstände haben mich gelähmt. Ich tue so, als suche ich nach Lösungen, ertappe mich stattdessen oft dabei, dass ich nur Ausreden suche, um mich nicht da draußen den Realitäten stellen zu müssen. Nicht bitten und betteln zu müssen. Ich will bei Tina und Chris ausziehen, weg von der Bequemlichkeit, aber für Mutter und Kind gibt es keine Wohnung, die der Staat bezahlt. Und ich rechtfertige mich damit. Seht ihr, ich habe es versucht. Ich will mir eine Arbeit suchen, aber Kira ist noch zu schwach, zu verletzt, zu ängstlich. Ich kann sie nicht alleine lassen, kann sie nicht in andere Hände geben. Sie braucht mich. Ich muss sie beschützen. Muss bei ihr sein. Oder ist sie nur mein Alibi nichts zu unternehmen? Ich brauche die finanzielle Unterstützung von hier. Das versteht ihr doch?

Ich hasse mich für meine Schwäche, für meine Handlungsunfähigkeit, für meine zustimmende Unterwürfigkeit. Das ist ein schlechtes Vorbild für Kira. Ich hasse mich dafür, dass ich keine Millionen verdient habe und ich hasse mich dafür, dass ich kein Englisch kann. Ich hasse mich dafür, dass ich Kira nicht ihre Ängste und Sorgen nehmen kann, ihren Vater, ihre Großmutter und ihre Freunde nie wieder zu sehen. Da helfen keine Ausflüge und kein Eis am Falkenhagener See. Wir leben in den Tag. Um uns herum sieht es so aus, als führen wir ein bequemes, sorgenfreies Leben, aber das ist es nicht. Wir leben das Leben anderer, die für uns denken und handeln. Meine Schwester lebt in Stettin in Polen. Sie kann uns nachkommen lassen. Einzige Bedingung ist die Arbeit als Reinigungskraft im Hyundai-Werk. Aber was ist dann mit Kira. Ich kann nicht. Ich bringe es nicht über mich. Es ist mir unmöglich. Ich hasse mich für alles und dann, als wenn ich es immer geahnt hätte. Als wäre es eine Vorahnung gewesen, werden die Angstzustände von Kira dermaßen schlimm, dass sie zu einem Psychologen muss. Wie gut, dass ich immer für sie da gewesen bin.

*

Der 29. April ist mein 40ster Geburtstag. Es ist schrecklich. Ich blicke zurück auf mein Leben bis heute und mein Herz schüttet Tränen aus. Es ist mir egal, wer sie sieht. Ich kann sie nicht zurückhalten. Trotz aller guten Dinge an diesem Tag. Meine kleine Kira, meine Kirochka, ist bei mir. Sie hält meine Hand und versucht mich zu trösten. Ach, meine Vögelchen, meine Liebe, mein Mädchen, wenn ich Dich nicht hätte. Was ist nur aus meinem Leben geworden? Warum bin ich denn nur auf diese Welt gekommen? Tina und Chris hängen Glückwünsche an die Wand und laden Kira und mich zur Pizza ein. Per WhatsApp und Email, oder via Anruf kommen Glückwünsche von Verwandten, Freunden, Kollegen, alten und neuen Bekannten. Aber sie alle heilen nicht die totale Erschöpfung, welche die endlose Angst ausgelöst hat. Die entstanden ist aus dem übermächtigen Verlangen wieder meine eigene Herrin zu sein. Es schnürt mich ein und zugleich scheint es mich zu zerreißen. Lasst mich allein, lasst mich zufrieden. Nur mit Kira und unserem Alleinsein kann ich wieder ich selbst werden. Und nein, lasst mich nicht los, haltet mich fest. Ich weiß nicht, was richtig ist.

Im Mai 2022 geht Kira zur Schule. Sie ist aufgeregt, freut sich, dann, plötzlich, ist sie wieder angstvoll, weigert sich, überwindet sich. Jeder neue Tag bringt auch ihr neue Gefühle. Nach langer Zeit kommt ein Lächeln in ihr grau gewordenes Gesicht und in ihre Seele. Hoffnung blüht auf. Vielleicht ein wenig Frieden zu finden? Freundschaft unter Kindern ist ehrlicher. Ist spontaner. Frei von Berechnungen und Vorurteilen. Kann es sein, dass uns das ein wenig Freiheit zurückbringt? Freiheit von der Angst und Freiheit von der Wut.

*

Ich schreibe Briefe ohne Ende. Fülle Fragebogen aus und stelle Anfragen. Aber ich tue das alles nur automatisch. Nicht wirklich mit dem Herzen, das ebenso leer ist wie die Seele. Ich will endlich raus aus dem Zimmer bei Tina und Chris. Raus aus dieser Gefängniszelle, die eigentlich ein Sprungbrett in das Paradies sein soll. Ich will eine eigene Wohnung für Kira und mich. Ich will die Tür hinter mir abschließen können und sie nicht nur schließen dürfen. Tanja, eine ukrainische Freundin, mit der ich gemeinsam einen Yoga-Kursus belege, hilft mir bei der Suche. Sie kennt sich aus mit den schriftlichen Sachen. Aber wir kommen nicht voran. Es scheint schwieriger zu sein, als es versprochen wurde. Tanja will uns ablenken, will uns zeigen, wie schön es ist, da wo wir jetzt sind. Sie fährt mit uns durch die Stadt. Zeigt uns alle Sehenswürdigkeit, durch die ich hindurchblicke, wie durch Glas. Es ist, als ob sie gar nicht vorhanden sind. Nicht ihre Historie, nicht ihre Schönheit und auch nicht ihre Bedeutung für diese Stadt. Ich kann diese Stadt nicht riechen und nicht schmecken, weil sie mir egal ist. Sie ist nur eine Station. Eine Station? Auf welchem Weg? Wohin? In welche Zukunft? Ich kann das weder Kira noch mir selbst beantworten. Ich suche nur die Freiheit, in irgendeiner Form. Eine Freiheit, die mich von den Ketten befreit, die mich fesseln. Die mir täglich deutlich machen, wer ich bin oder besser, wer ich nicht bin. Ein Flüchtling, eine Bettlerin, eine Abhängige, ein Ballast, ein Kostenfaktor und der Beleg für alle, die etwas Gutes tun. Ich bin eine Art von personifizierter Spendenbescheinigung, die man sich an die Wand hängen oder die man beim Finanzamt absetzen kann. Ich fühle das alles nur. Es ist in mir. Ich weiß noch nicht einmal, ob das stimmt, was ich denke, aber das macht es nur noch umso schmerzhafter.

Kira und ich suchen in uns den Wunschbrunnen, der für eine Münze Hoffnungen erfüllt. Doch der Wunschbrunnen ist nicht da. Dafür aber die Blicke und die unausgesprochenen Worte: „Warum sucht sie sich keine Arbeit, sondern kassiert hier das Geld der Steuerzahler?" Ja, das stimmt, aber das wollte ich doch gar nicht. Ich wollte eigentlich nach Kanada. „Aber Du bist

nicht nach Kanada geflogen, Du bist hiergeblie-
ben und hast es Dir bequem gemacht!" Der
kleine Teufel auf meiner Schulter lacht gemein
bei seinen Worten. Oder ist es mein Gewissen?
Der Engel auf der anderen Schulter, der flüstert
„Du wolltest das doch gar nicht!" Ich schreie
nachts in mein Kissen: „Es fing doch mit diesen
Bomben an, vor denen ich Angst hatte!" „Rede
nicht", der Teufel gibt keine Ruhe, „In der West-
Ukraine ist kein Krieg. Da hättest Du bleiben
können!" Was weiß der denn schon von der
Angst einer Mutter und von der Angst eines Kindes. „Mach Dir keine Gedanken darüber", sagt
der Engel, „Du hast alles richtig gemacht.
Schließlich hast Du die Verantwortung für zwei
Leben!" Sie diskutieren noch eine Weile und in
meinem Kopf breitet sich ein Schmerz aus, der
die Stimmen bald ablöst. Ich weiß nicht was richtig ist, ich weiß nur, dass Menschen dort leben

sollten, wo sie geboren wurden oder dort, wo sie glücklich sind. Aber dort herrscht Krieg und Tod, den ich nicht, den Kira nicht und den viele andere nicht wollen. Den niemand will, den ich kenne. Den nur die wollen, die nicht direkt davon betroffen sind. Soldaten, warum geht ihr denn nicht einfach nach Hause?

*

Kira wird von der Schule abgelenkt. Von den Schularbeiten, von den anderen Kindern. Ich höre sie zwischendurch lachen und singen. Das macht mich glücklich. Das löst auch meine Fesseln ein wenig. Kira lernt Maxim Dik kennen, einen Jungen in ihrer Klasse. Es ist der Sohn von Alexander Dik, einem Deutsch-Russen, der ehemals in Kasachstan gelebt hat. Sie redet viel von Maxim, vielleicht auch, weil der den gleichen Namen hat wie ihr Vater und es sie fröhlich macht, wenn sie diesen Namen aussprechen kann. Maxim hilft ihr sehr, sich in der Welt der Kinder zurecht zu finden. Er nimmt sie mit nach hier und nach da. So kann sie ein wenig von ihren dunklen Gedanken loslassen.

Doch sie muss sich in der Schule noch immer eingewöhnen. Der Lehrstoff ist anders. In der Ukraine sind sie in der zweiten Klasse schon viel weiter. Wir versuchen das Niveau aus der Heimat zu halten und Kira lernt online mit ukrainischen Lehrern, so gut wie es nur geht. Bis auf Maxim Dik, bleibt sie einsam, gewinnt keine neuen Freunde. Wie auch, wenn ich das als Erwachsene auch nicht schaffe.

Toll, Maxims Eltern haben uns zu sich nach Hause eingeladen. In ihr Haus mit Sauna und mit Swimmingpool. Alexander, Maxims Vater, ist ein kreativer und unternehmungsfreudiger Mensch. Ein anerkannter Maler, der viele Ausstellungen mit seinen Bildern bereichert. Seine

Frau Anna kümmert sich um ihre zwei Kinder, um den Haushalt. Mein, Gott, wie haben sie das alles nur geschafft? Sie sind beide jünger als ich. Wenn ich das Kira doch auch einmal bieten könnte. Vielleicht wenn mein Mann wieder bei uns ist.

Der Abend bei den Diks ist herrlich. Sie sprechen beide Russisch, so dass wir uns gut unterhalten können. Es gibt gebackenes Huhn mit Buchweizen und frischem Gemüsesalat. Hinterher Tee und Mdovik-Kuchen oder auch Honig-Kuchen. Wie wunderbar. Wenn ich die Augen schließe, fühle ich so etwas wie Heimat. Ein wenig. Danke dafür! Ich habe Tränen in den Augen, aber diesmal vor Dankbarkeit und vor Glück!

Etwa Ende Mai gibt es in Berlin am Brandenburger Tor ein großes Konzert für die Ukraine. Kira und ich fahren dort hin und sind überwältigt. Uns empfängt ein großes Meer an blaugelben Fahnen, überall nur ukrainische Wortfetzen. Es scheint so, als wären wir mitten in Kiew. Um uns herum ist so viel Fröhlichkeit, gleich neben Besinnung und man sieht vielen der Anwesenden an, dass sie in diesen Augenblicken weit weg, zu Hause sind. Als die Ukrainische Nationalhymne gesungen wird, singen auch Kira und ich mit. Es ist als würden wir Flügel bekommen, über uns selbst schweben und uns selbst in der Menge beobachten können. Wir sind nicht alleine. Um uns herum fließen Tränen, es ist Schluchzen zu hören und der Glaube an eine Zukunft die frei ist von Fesseln, von Bomben und von Tod, erfüllt uns. Alle die da sind glauben daran, dass wir zusammen stark sind, das wir warten müssen und warten können. Eines Tages kehren wir zurück in unsere Heimat!

Elend und Wunsch liegen so dicht beieinander. Das Telefonat mit meinem Mann relativiert das alles sofort. Er ist von Nizhnyaya Apsha nach Irpin zurückgekehrt. Dorthin wo wir unsere Wohnung haben. Aber es sieht schrecklich aus, wie ich auf den Fotos erkennen kann. Das Glas in den Fenstern ist zerbrochen, die Wände und Decken sind teilweise zerstört. Alles ist voller Staub und Dreck. Das war ein neues Mehrfamilienhaus. Im 8. Stockwerk nebenan, gibt es nach einigen Granattreffern keine Wohnungen mehr, sondern nur noch ein riesiges Loch. Im Dach und auf dem Hof stecken und liegen ein paar Blindgänger, die jederzeit hochgehen könnten. Im Hof stehen die ausgebrannten Autos, die zugleich auch alles andere verbrannt haben. Und trotzdem haben wir Glück gehabt. Darf ich das so sagen? Ist das gehörig? Oder ist das unverschämt und pietätlos? Es gibt keine Nachbarhäuser mehr. Sie sind wie ausradiert von einigen direkten Treffern. Einfach weg, nur noch Schutt.

Oh Gott! Was hätte uns getroffen, wenn wir geblieben wären? Wenn wir hätten nicht fliehen können? Wenn wir Irpin nicht hätten verlassen können? Was hätten wir zu hören bekommen? Den Donner der Abschüsse? Die Einschläge der Granaten? Die Schreie der Verwundeten? Das stöhnen der Verschütteten? Was hätten wir gesehen, von diesem Grauen?

Welche Ängste hätten sich noch unserer Köpfe, unserer Seelen bemächtigt und unsere Herzen in einen See aus Hass und Vergeltung geschüttet? Ich begreife, warum ich trotz aller Sehnsucht und Traurigkeit nicht zurückgegangen bin. Warum ich weiterhin im Asyl meine Seele habe vergewaltigen lassen, mich selbst verraten habe und die Freiheit meines Kindes aufs Spiel gesetzt habe. Weil wir leben wollen! Einfach nur leben oder besser … überleben wollen.

*

Im Juni ist Kindertag in der Ukraine und Kira fällt wieder zurück in die Erinnerungen. Sie denkt an die Freunde zu Hause. Ein Lehrer schickt ein Video auf dem Kira und ihre Freunde von damals zu sehen sind, wie sie fröhlich sind, gemeinsam tanzen und singen. Tränen füllen ihre Augen und sie zieht sich in sich selbst zurück.

Ich stelle das Video bei Instagramm ein, damit die Menschen sehen, was wir verloren haben. Wie es einmal in unserem Leben gewesen ist. Das wir ein anderes Dasein gehabt haben, als in einem fremden Land aus fremder Hand leben zu müssen. Das wir eine eigene Kultur haben. Das wir etwas wert sind. Voller Trauer schreibe ich darunter: „Schade, dass wir sie nicht wiedersehen werden!" Ich will damit ausdrücken, dass nichts mehr so sein wird, wie vor dem Krieg. Dass sich alles verändert hat, dass wir nicht mehr die gleichen Menschen sein werden, nach dieser Zeit voller Einsamkeit, Bitterkeit und Entbehrungen. Postwendend kommt eine Lektion für mich. Eine Antwort lautete: „Herr, die armen Kinder! Sind sie alle tot?"

Wie grausam und unbarmherzig ist diese Zeit, in der Menschen sich vorstellen können, dass 32 Kinder durch diesen Krieg getötet wurden. Das eine solche Überlegung überhaupt in einem Menschen Platz findet. So zu denken, so zu überlegen. Das ist ein Albtraum, der deutlich macht, in welche Richtung die Menschheit unterwegs ist.

Ich meinte doch nur, dass diese Klasse der Irpin-Schule sich nie wieder in dieser Zusammensetzung treffen würde, weil wir alle in der ganzen Welt verstreut sind. Geflüchtet vor einem Massaker. Vielleicht treffen sich eines Tages einige von ihnen wieder und feiern einen Sieg, ihre

Freiheit, ihre Heimat. Sind einfach nur noch glücklich dort zu sein, bei ihren Eltern, bei ihren Verwandten und bei ihren Freunden. In der Heimat.

Mitte des Jahres suche ich einen Arzt auf. Zum ersten Mal, seit ich hier in Deutschland bin. Ich halte es nicht mehr aus, diese Schmerzen im Gesicht. Der Arzt diagnostiziert das mein Trigeminus-Gesichtsnerv eingeklemmt ist. Das sind höllische Schmerzen, die immer wieder, blitzartig völlig unerwartet auftreten. Die mich entweder nicht einschlafen lassen oder mich aus dem Schlaf reißen. Der Arzt verschreibt mir Schmerzmittel, die ich regelmäßig gegen diese Trigeminusneuralgie trinken muss. Lieber Gott, nimmt das denn alles nie ein Ende? Wie lang ist der Weg noch, den Du für uns ausgesucht hast. Wie viele Steine liegen da noch auf der Strecke?

Herrlich. Uns erreicht ein Paket von Maksim, meinem Schatz. Es sind Dinge aus der Heimat darin. Kleidung und ein paar Erinnerungsstücke. Ich drücke die Kleidung in mein Gesicht, rieche den vertrauten Geruch und erinnere mich wann ich sie gekauft habe und aus welchem Anlass. Manchmal nur, weil sie mir gefallen haben. Einfach so, ohne fragen zu müssen, ohne sich erklären lassen zu müssen, ohne sich Ratschläge einholen zu müssen. Sie erinnern mich daran, dass ich nicht fragen musste, ob ich die Waschmaschine benutzen darf, wo ich meine Wäsche zum Trocknen aufhängen darf oder sogar, wann es richtig ist, was ich anziehen soll. Glück und Bitterkeit liegen so dicht beieinander.

Im Juni hängt der Himmel voller grauer Wolken und die Erde ist vom Dauerregen nass. Ich überlege noch, wie ich Kira am besten zur Schule bringe, als das Telefon klingelt und Anna Dik sich anbietet Kira mit dem Auto abzuholen, weil sie mit Maxim sowieso auf dem Weg ist. Toll. Auch Kira freut sich. Ich fahre mit und nachdem wir die Kinder an der Schule abgesetzt haben, fahren wir zu Anna nach Hause.

Wieder überlegen wir, wie ich zu einer eigenen kleinen Wohnung kommen könnte. Ich erzähle Anna von meinen Bemühungen, bei der mir auch schon andere Leute geholfen haben. Ich erzähle ihr von der Verzweiflung in dem Zimmer bei Tina und Chris, an der die beiden aber keine Schuld tragen. Ich erzähle von meinen Sorgen, meiner Sehnsucht und meiner Hoffnungslosigkeit.

„Komm mal mit!", Anna zieht mich von der Couch hoch. Wir gehen an die Seite des Wohnhauses, wo noch ein Anbau steht, in dem Alexander seine Bilder unterstellt, wo er auch gelegentlich malt und wo er an seinen Skulpturen arbeitet. „Was hältst Du davon, wenn Kira und Du dort einziehen?" Ich kann es kaum fassen. Plötzlich strahlt die Welt in neuen Farben. Ein kleines eigenes Heim. Mit einem eigenen Zugang und einer Tür, die ich schließen und öffnen kann ohne zu fragen. Mir schnürt sich der Hals zu, meine Hände zittern und ich bringe kein Wort heraus. Ich nicke.

*

Es ist anders als bei Tina und Chris, denen wir dankbar sind, wo wir jedoch nie angekommen waren. Hier, bei Anna und Alexander ist es von Beginn an anders. Es fühlt sich an, wie Verwandtschaft, schon alleine durch die gemeinsame Sprache, durch Essensgewohnheiten, durch die beiden Kinder Maxim und Nastya. Kira blüht auf. Der Alltag hat etwas Vertrautes, was wir bisher nicht gefühlt haben. So muss das sein, wenn Migranten auf der ganzen Welt sich in Brennpunkten versammeln, dort ihre Heimat suchen, eigene Bezirke bilden. In London, in New York, in Berlin.

Ich fühle so etwas wie Erleichterung. Aus dem beschwerlichen Bemühen wird ein behutsames Vorwärtskommen. Plötzlich wird alles transparenter. Nicht, dass ich nun alles verstehe und begreife, aber ich habe Vertrauen. Bei den Anträgen, beim Arztbesuch, im Alltag, weil ich weiß, dass jetzt jemand an meiner Seite ist, der meine Gefühle und meine Perspektive versteht. Ich lasse mich in eine Entspannung fallen. Fühle mich nicht mehr nur als Flüchtling, sondern auch wie eine Besucherin.

Die Kinder jubeln im Pool oder sie nutzen die Sauna. Alles ist wie eine Reise zurück in meine eigene Kindheit. Sie bauen sich eine Hütte, schaukeln um die Wette und schlüpfen in kleine Rollen, die sie spielen. Sie sind Kinder, aber wer hat ihnen beigebracht so zu sein, das Glück zu fühlen und freundlich zu sein? Wir sollten von ihnen lernen, wenn wir könnten. Wir sind erwachsen, wir verstehen und begreifen zu viel und wir begreifen auch zu wenig und können nicht alles verstehen.

Meine Mutter ruft mich aus ihrem Besuch in Tatarstan an. Ein Mann, einer unserer Verwandten, hat sich für Geld verpflichtet auf Russischer Seite in den Krieg zu ziehen. Warum tut er das? Schatten fallen auf meine Seele und die Kälte steigt mir im Herz empor. Das ist doch gar nicht möglich. Er weiß doch, dass unser Zuhause dort ist. Das Maksim, mein Mann, noch dort lebt. Will er auf ihn schießen? Auf den Vater meiner Tochter? Will er unsere Verwandten töten? Für was? Nur für Geld? Angetrieben von der Gier? Möge ihn Gott bestrafen und an dem Blutgeld verrecken lassen. Ich hasse ihn. Hasse ihn, weil er mir damit die Tür nach Tatarstan zumacht. Den Weg zu meinen Verwandten. Ich bin wie paralysiert, stehe unter Schock. Sehe Bilder vor mir aufsteigen, wie wir alle beginnen aufeinander zu schießen. Sinnlos, sprachlos und ohne Gnade. Der Pool, die Saune, die Schaukel tauchen in ein Grau und die Schreie der Kinder bekommen plötzlich einen aggressiven Unterton. Ich schüttele meinen Kopf, muss raus aus diesen Fantasien.

Welcher Moral folgen wird? Bestimmt nicht nur die momentane Mehrheit unsere Moral und ihren Wert? Dieses Karussell der Gefühle, die Berg- und Talbahn unserer Empfindungen werden Kira und mich noch jahrelang beschäftigen. Das weiß ich. Wir müssen diesen Knoten aus Groll und Hass, aus Angst und Sorgen irgendwann lösen. Ja, man muss ihn lösen, durchschlagen wird nicht ausreichen. Unser Leben ist so widersprüchlich, ist den Tagesereignissen aus-geliefert. Ob ich jemals darüber so berichten kann, dass nichts ungesagt bleibt? Ich sage oft zu mir: „Guzel, sprich nur gut oder sprich nicht!" Ja, es hilft, jedenfalls nach außen, es gibt mir den Anschein von Sicherheit und vielleicht Seelen-frieden. Es ist das, was die Menschen um mich herum bei mir sehen wollen. Doch in Wirklich-keit schreit es in meinem Herzen und in meiner Seele, dass ich viel, vieles mehr sagen möchte. Ich möchte von diesem Gefühl reden, dass mich immer wieder übermannt. Diese Würdelosig-keit, diese Wertlosigkeit. Vielleicht tue ich allen die uns helfen damit Unrecht, aber was soll ich dagegen tun? Dieser verdammte Krieg hat mich das Knie beugen lassen, hat mich dazu gebracht die Heimat und die Familie zu verlassen. Aber die Flucht und die Emigration haben mich auch das zweite Knie beugen lassen. Und so liege ich hier auf den Knien und muss mein Schicksal von fremden Menschen abhängig machen. Es ist eine so schwere Last. Aber ich muss lächeln, ich muss nicken und ich muss dankbar sein. Und gleichzeitig muss ich stark sein, weil ich Mutter bin, weil ich eine Frau bin, die zum Widerstand gegen das eigene Aufgeben verdammt ist. Mein Geist ist stark, ich weiß das alles, aber das Aufstehen ist so unglaublich schwer.

*

Anna und Alexander lassen den kleinen Anbau und den Weg zu ihm für uns herrichten. Um es deutlich zu sagen, sie lassen ihn auf ihre Kosten richtig ausbauen. Es sind so viele Dinge, die es zu beachten gilt. Alexander hat seine Gemälde, an denen er viele Monate gearbeitet hat, für ein paar Tage auf den Hof gestellt, bis die Garage dafür aufbereitet ist. Zum Glück ist schönes Wetter. Kira, Maxim, Nastya und ich vergnügen uns im Pool. Nach einiger Zeit überlasse ich die Kinder ihrem Spiel und setze mich an den Tisch, beginne in den Büchern des Sprachkursus zu lesen, kontrolliere ein paar Hausarbeiten und vergesse darüber die Zeit. Nach etwa 20 Minuten stehe ich auf, um meine Gedanken zu sammeln, um einen klaren Kopf zu bekommen, laufe auf dem Rasen umher, fühle das frische Gras das an meinen Füßen kitzelt und bleibe erschrocken stehen. Das Plantschen im Pool hat die Bilder mit vielen Tropfen des Wassers übersprüht. Mein Herz scheint still zu stehen. Ich habe Schuld. Ich hätte aufpassen müssen. Es liegt an mir. Sind jetzt alle Bilder kaputt, verdorben? Die Arbeiten von Alexander. Was für eine Missachtung von mir. Was bin ich doch dumm. Was bin ich doch für ein verantwortungsloser Mensch. Was soll ich tun?

Meine Stimme zittert voller Angst, als ich die Kinder rufe. Sie kommen angerannt, ich mache ihnen keinen Vorwurf. Voller Verzweiflung mache ich einen Plan. Nastya und Kira bringen Papierhandtücher, während Maxim und ich damit die Bilder versuchen abzutupfen. Bitte lieber Gott, bitte, lass es gelingen. Nach der Reinigungsaktion rufe ich voller Scham und voller Reue Alexander an und beichte ihm den Vorfall. Er hört sich alles an: „Guzel, beruhige Dich. Die Bilder sind in Öl gemalt. Ein wenig Spritzwasser tut ihnen nichts an!" Mir fällt ein Stein vom Herzen. Ich stottere noch eine Entschuldigung. Alexander beruhigt mich: „Alles gut. Aber schmeiß die Bilder nicht in den Pool." Ich bekomme einen Schreck, er denkt doch wohl nicht …? Schnell bemühe ich mich ihn zu beruhigen. Aber sein Lachen belehrt mich, dass das nur ein Scherz gewesen ist. Es ist beruhigend, dass er so gelassen bleibt.

Meine Dankbarkeit gegenüber der Familie Dik ist unermesslich. Sie hat ihren Platz in meinem Herzen, das seit Monaten trist und öde war, jetzt aber das durch sie einen kleinen goldenen Fleck bekommen hat, von dem aus Kira und ich Stück für Stück zurück ins Leben finden. Gemeinsame Frühstücke, Feiertage und Wochenenden bekommen wieder eine andere Wertschätzung. Man beginnt sich wieder schon im Vorfeld darauf zu freuen. Sie machen es einfacher, die Rückschläge zu überwinden und die Momente der Verzweiflung und auch der Depressionen, die immer wieder auftauchen, zu verarbeiten. In der Schule hat Kira Probleme mit anderen Kindern, obwohl ihr Maxim versucht zu helfen und sie zu unterstützen. Besonders mit den Jungens kommt sie nicht zurecht. Sie fühlt sich von ihnen bedrängt, ja sogar bedroht. Ich schreibe Briefe an die Lehrerin, damit sie eingreift. Eines Abends sitzt Kira am Tisch und die Tränen laufen über ihre Wangen. „Mein Vögelchen, was ist denn? Was hast Du? Tut Dir etwas weh? Hat Dir jemand was getan?" Ein Schluchzen entringt sich ihrer Kehle: „Ach Mama, ich wünsche mir, dass ich ganz doll krank werde. Dann muss ich nicht in die Schule!" Lieber Gott, warum lässt du das zu? Sie ist doch erst acht Jahre alt.

Kinder sind tapfer, so auch Kira. Wenn sie mit ihrem Papa telefoniert, zeigt sie ihre Tränen nicht, obwohl sie, wenn sie den Anruf erwartet vorher noch ihr Gesicht trocknet. Sie leidet. Aber der Papa … ihr Papa … soll nichts davon mitbekommen, soll es nicht wissen. „Nein, Papa, es ist alles in Ordnung. Es ist alles schön hier. Komm bald auch nach, hierhin!" Mein Mann Maksim und Kira schicken sich kleine Filme und Fotos.

Sie diskutieren über viele Dinge. Über Berlin, über die Ukraine. Sie lernen zusammen. Und dieser kleine zarte Mensch, Kira, ist so tapfer, zeigt es ihrem Papa nicht, wie sehr sie sich hier einsam fühlt. Daran ändern auch die wenigen Momente nichts, in denen sie lacht und vergisst. Das ist das Privileg von Kindern, dass sie auch für den Moment vergessen dürfen. Und Maksim? Er ist ihr Papa. Er hört zwischen Kiras Worte allerhand heraus. Redet mit mir darüber, macht sich Sorgen. Ob sie vielleicht seinen Geruch vergessen könnte? Seine Stimme? Wie lange wird es noch so sein? In seinen Worten mischt sich mancher Seufzer der Angst, dass er seine kleine Blume vielleicht nie wieder sehen könnte. Wir denken beide an die Ukraine, unsere Heimat, unser gemeinsames Zuhause.

Dort wo es die schönsten Sommer und Winter, die herrlichsten Herbste und Frühlinge gibt. Dort, im Land der Berge und Seen.

Ach, ich will wieder nach Hause. Ich will zu Großmutter und Großvater, will die Lehrerin Julia Nikolajewna sprechen und mit ihr über Kira reden, will Pläne machen für meine Tochter, für das Tanzen und das Singen. Ich will, dass sie in den Straßen von Irpin Fahrrad fährt, dass sie mit ihren Filzstiften bunte Bilder von Sonne, Sternen und Blumen malt und nicht, wie hier, Bilder die vom Krieg und vom Tod erzählen. Bilder von Bomben und Panzer.

Und egal, wie sicher und gut es mir hier, in dem kleinen Paradies bei den Diks geht, in manchen Nächten brennt es in meinem Herzen so stark, dass ich in derselben Sekunde aufstehen möchte und den nächsten Zug nach Hause besteigen will.

Doch dann überfallen mich wieder Zweifel und Angst. Ich spreche mit Maksim darüber und auch mit meiner Mama. Die beiden überreden mich, noch den Winter abzuwarten. Nur diesen einen Winter. Dann wird alles wieder gut werden. Auch die Gemeinschaft der Ukrainer/innen, hier in Falkensee, sind dieser Meinung. Nur noch diesen Winter, dann fahren wir nach Hause. Im Frühjahr werden wir siegen. Dieser verdammte Sieg, genauso, wie der verdammte Krieg. Der eine ist ebenso unsinnig wie der andere. Wir sind es, die leiden und die vielen Toten werden uns immer anklagen.

*

Maksim nutzt die Zeit und bringt zu Hause unser Heim so weit wie möglich in Ordnung. Mit einigen anderen beseitigen sie die größten Zerstörungen am Haus und im Hof. Trümmer erinnern daran, dass das einmal von jemanden eine

Wohnung gewesen ist. Schicksale, Existenzen auf dem Müllplatz. Im Oktober wird es kalt, aber Maxim hat Glasscheiben organisiert und reißt die Sperrholzplatten aus den Fensterhöhlen und setzt die Scheiben ein. Für einen Moment flackert die Hoffnung auf, doch noch vor Weihnachten nach Hause zu können. Der Wunsch zerschlägt sich, als Mitte November Bomben in Kiew einschlagen und die Regierung über Radiosender uns Geflüchteten dazu aufrufen, nicht zurück zu kehren: „Der Winter wird schwierig, kalt, unruhig!"

Der erneute Beschuss meiner Heimat bestätigt diese Worte. Die lebenswichtigen Strukturen werden bombardiert. Immer wieder bricht die Energieversorgung zusammen. Kein Licht und manchmal auch gar kein Strom. Bis zu 12 Stunden sitzen sie im Dunkeln. Maksim berichtet mir, dass sie in einem Wechsel leben. 4 Stunden Licht,

4 Stunden kein Licht. Er muss noch nicht an die Front. Noch ist er verschont, aber ich habe Angst. Ich habe Angst um Maksim und ich habe Angst um Kira und mich. Ob jemand das verstehen kann, diese ständig präsente Angst? Die Angst vor dem Schlaf und seinen Albträumen und die Angst vor dem Aufwachen und den neuesten Nachrichten? Maksim lenkt sich ab. Die Firma, für die er bisher gearbeitet hat, existiert nicht mehr. Er muss etwas tun und bemüht sich. Maksim hat Glück und vielleicht auch ein paar Beziehungen. Er kann studieren, so, wie es unter den Umständen derzeit möglich ist. Das ist nicht einfach, weil der Krieg immer wieder für Unterbrechungen sorgt. Er studiert in der IT-Technik, Programmierer. Das werden sie dort brauchen. Jetzt und auch nach dem Krieg. Ach ja, nach dem Krieg, der noch anhält und bei dem kein Ende

abzusehen ist. Maksim, pass auf Dich auf. Kira und ich brauchen Dich. Wir lieben dich.

Kira und ich werden in Deutschland überwintern.

Die letzten Monate haben Spuren hinterlassen. Nicht nur bei Kira und mir. Bestimmt auch bei den Diks. Dieses Auf und Ab macht mich bewegungslos. Lähmt mich. Es hat doch alles keinen Sinn. Egal was ich anfasse. Und so gerate ich in den Sog der theoretischen Planungen. Jetzt kommen die Feiertage, die ich im letzten Jahr noch im Kreise meiner Familie gefeiert habe. Es ist Jahresende. Es ist Silvester und es ist Weihnachten. Lieber Gott, lass die Politik ein Ende mit diesem Krieg machen. Lieber Gott lass sie endlich miteinander reden. Lieber Gott, es ist genug, ich kann nicht mehr!

*

Ich bin zerrissen, ich stecke in einem Sumpf, im Treibsand. Obwohl ich meine Hände nach den rettenden Ästen ausstrecke, sinke ich immer wieder tiefer ein. Ich kann noch so viel erzählen und schreiben, aber ich werde nie diesen Zweifel, diese Zerrissenheit erklären können. Ich habe in Deutschland viele schöne Minuten, Stunden und Tage erlebt und trotzdem verfluche ich die Umstände, die mich zwingen hier zu sein. Manchmal verachte ich mich dafür, so schwach gewesen zu sein, meine Heimat verlassen zu haben. Doch was hätte ich in der Ukraine machen können, außer Kiras und mein Leben zu opfern? Hätte ich etwa den Krieg gewinnen können? Bestimmt nicht. Ich habe Menschen kennenlernen dürfen, die völlig selbstlos helfen, die sich um uns kümmern. Die Familie Dik ist ein Herzensgewinn für immer. Ich bin dankbar dafür, dass ich sie kennenlernen darf. Das Absurde daran ist, dass der Krieg es erzwungen hat, dass sie in mein Leben treten konnten. Anscheinend ist erst Leid notwendig, um Liebe, jenseits von Besitz und Berechnung, zu finden. Zieht der Krieg etwa daraus seine Berechtigung? Würden wir etwa nicht auf diese Begegnungen verzichten, wenn wir stattdessen Frieden hätten? Warum können wir nicht ohne Leid zueinander finden? Das würde alles so viel einfacher, ertragbarer machen. Bedarf der Mensch erst der Not, um zu erkennen was der andere braucht und um zu wissen, was er selbst zu geben in der Lage ist? Was kann ich diesen Menschen zurückgeben, außer meine Wünsche und meine Gebete, dass ihnen mein Schicksal erspart bleibt, dass sie und ihre Familie gesund bleiben?

Das eine Jahr, diese 12 Monate haben so viel verändert. Für mich, für Kira und für so viele Menschen um mich herum. In der Ukraine und hier in Deutschland. Wir werden nie wieder die sein, die wir vorher waren. Irgendjemand hat gesagt, dass die Liebe die größte Kraft der Welt ist. Und doch verändern der Brandgeruch nach den Bomben, der Geschmack von Eiter und die Schreie der Verwundeten uns mehr, als die Liebe, die hier und da ein Pflaster auf einer Wunde ist oder aber die Augenbinde einer trügerischen Sicherheit. Wir rennen der Karotte hinterher, die uns vor der Nase hängt, in der Hoffnung irgendein Ziel zu erreichen und begreifen nicht, dass wir im Kreis laufen, dass wir ein Rad drehen. Wenn wir nicht schnell genug laufen, bekommen wir Peitschenhiebe und egal wie, die Karotte erhalten wir nie, denn sie ist das Paradies, das wir verlassen mussten, als wir uns gegeneinander erhoben haben.

Januar 2023 … Ich will nicht mehr. Ich kann nicht mehr. Ich will nach Hause. Ist es klug, nach

Hause zu gehen, wenn Krieg ist? Ist es klug hier zu bleiben und jeden Tag ein kleines Stückchen mehr zu sterben? Ist es klug Kira zu sehen, die mehr und mehr leidet? Die ihren Papa wieder in die Arme nehmen will? Klug? Was ist Klug? Wer legt das fest, was klug ist?

Ich weiß es nicht. Die Prognosen raten ab. Russland rüstet auf, will eine große Offensive starten. Jedenfalls sagen das die Nachrichten. Ich weiß nicht, ob das stimmt, denn auch hier sagen die Nachrichten nur das, was wir wissen sollen und was wir wissen dürfen. Sie malen grausame Voraussagen, was uns erwarten wird. Und ja, ich habe davor Angst. Ich werde nicht weglaufen können. Aber ich klammere mich an die Hoffnung, dass das alles nur Spekulationen sein können. Mögen mir alle verzeihen, die sich so um mich bemüht haben. Tina und Chris, die Familie Dik und noch einige. Schüttelt nicht über uns die

Köpfe und verachtet uns nicht. Wir, Kira und ich, vergehen hier mit jedem Tag, wie eine Pflanze die kein Wasser bekommt. Es ist nicht Eure Schuld, Ihr habt alles getan, was in Eurer Macht stand. Wir waren zwar bei Euch, aber doch nie wirklich hier. Ich gebe mir Mühe Eure Sprache zu verstehen, aber es ist für mich ebenso schwer, wie für Euch Ukrainisch. Ich sitze in der U-Bahn und verstehe kein Wort, habe Angst, dass mich jemand anspricht, dass ich bloßgestellt werde, als Flüchtling. Ich schäme mich. Ich habe Angst vor Beschimpfungen, die ich nicht verstehe, aber ich sehe die Wut in den Augen und die Verachtung in der Körpersprache. Ich zittere, auch beim Einkaufen oder wo ich auch sonst in der Öffentlichkeit bin. Und abends, in der kleinen Wohnung bei den Diks, zittere ich weiter, vor Wut, weil ich mich nicht dagegen wehren kann, weil ich der Gutherzigkeit so hilflos ausgeliefert bin. Ich und meine Tochter Kira.

Die Flucht, das Weglaufen, das Asyl ist nicht die Lösung, das weiß ich, nach nunmehr einem Jahr. Es kann nur eine Lösung geben, wir gehen zurück in die Heimat. Ich zu meinem Mann und Kira zu ihrem Papa.

Februar 2023 ... Die Ukraine wird wieder massiv bombardiert. Wohngebäude und die Infrastruktur. Wie soll ich da nach Hause kommen? Die eiskalte Hand der Todesangst krampft sich um mein Herz. Ich sehe hinüber zu Kira, die ein Bild mit Bomben malt und schließe die Augen, sehe wie das Auto, in dem Kira und ich sitzen von einer Rakete getroffen wird. Ich sehe, wie der Zug, in dem wir sitzen, in Flammen aufgeht. Ich sehe Maksim der mit einem Strauß Blumen auf uns zu rennt, aber nicht näherkommt. Und plötzlich ist da ein Pfeifen in der Luft und

Maksim wird von einer Granate getroffen. Er lacht noch, als er zerrissen wird. Mein Herz schlägt mir hoch bis zum Hals. Was soll ich tun? Kira malt immer noch konzentriert an ihrem Bild. Soll ich sie wirklich dem Krieg aussetzen, vor dem wir vor 12 Monaten geflohen sind? Muss ich sie nicht vor alldem beschützen? Für ihre Sicherheit sorgen?

Ich begreife es nicht. Sie sitzt dort und malt Bomben und Verwüstung. Obwohl sie in den letzten Tagen wieder mehr gelacht hat und fröhlich gewesen ist. Sie hat eine neue Freundin gewonnen, neben der sie jetzt auch in der Schule sitzt. Helena. Doch wie lange wird das so bleiben?

Lieber Gott, ist es das, was Du willst? Kinder die Bilder vom Krieg malen und dabei lachen und singen können. Bist du wirklich so grausam oder verstehen wir Dich nur nicht?

Trotz allem, was wir hier gefunden haben, gilt noch immer eins: „Die Heimat ist dort, wo Du und Deine Familie glücklich sind, wo Deine Familie lebt!" Das wird immer so bleiben, trotz aller neuen Menschen, die wir hier getroffen haben. Von denen wir hoffen, dass sie Freunde sind.

Lieber Gott, was soll ich tun? Wenn Du es nicht weißt, wer dann?

*

24. Januar 2023 Kira (9 Jahre) im Gespräch
mit dem Autor Lothar Berg:

Ich bin Kira. Ich bin 9 Jahre alt. *Ich möchte immer noch unbedingt nach Hause gehen. Ich möchte zu meiner Lieblingsschule gehen, zu meiner Freundin Pelageya, zu meinem Vater und zu meinem Hund Shing.*

Vieles hier gefällt mir nicht, aber ich mag die Stadt Berlin, und ich mag meine ukrainischen Freunde in Deutschland. Ich spreche gerne mit Maxim Dik, dem Sohn von Alexander Dik. Dort wo wir wohnen. Maxim ist 8 Jahre alt.

Ich lache gerne mit meinen ukrainischen Freunden in der Schule. Ich lache mit Maxim und mit meiner Mutter.

Ich träume davon, dass der Krieg zu Ende ist. Dann gehe ich nach Hause, nach Irpin. Dort wohne ich in meinem Zimmer und richte die Möbel ein und

schaffe jeden Tag eine neue gemütliche Einrich-
tung. Ich werde schicke Kleider anziehen und in mei-
nen geliebten Irpin spazieren gehen. Hier in Deutsch-
land bin ich gerne krank, denn wenn ich krank bin,
gehe ich nicht zur Schule.

Ich möchte in der Ukraine zur Schule gehen, ich
möchte meine Klassenkameraden und meine geliebte
Lehrerin Yulia wiedersehen.

Wir werden bald nach Hause gehen, meine Mutter
hat gesagt, dass es im Mai soweit sein wird. Ich freue
mich wirklich darauf, nach Hause zu gehen. Wenn ich
meinen Vater sehe, werde ich an der Decke laufen.

Lothar Berg:

„Dieses kleine Gespräch, dass ich mit Kira ge-
führt habe, hat mich sehr berührt. Es wurde immer wieder von Weinanfällen unterbrochen.
Tränen, die ohne Vorwarnungen über das zarte
Gesicht rollten. Wir haben an der einen oder

anderen Stelle abgebrochen und uns für ein paar Minuten erholt. Weiter wollte ich auch nicht in sie dringen. Ich bedanke mich bei Kira für ihren Mut."

Autor: *„Kira, was habt Ihr in der Ukraine ge-spielt, wenn ihr Kinder alleine gewe-sen seid?"*

Kira: *„Wir haben Fangen und Verstecken gespielt. Im Badezimmer haben wir uns verbotene Sachen auf Youtube angesehen. Draußen beim Schaukeln ausprobiert, wer höher und weiter springt."*

Autor: *„Erinnerst Du Dich noch als ihr in den Keller musstet?"*

Kira: „Ja, ich habe eine warme Hose ange-
zogen, eine beige Jacke und meinen
Hoodie."

Autor: „Hattet Ihr genug zum Essen?"

Kira: „Im Haus war ein Laden, da durften
wir auf Kredit einkaufen."

Autor: „Was habt Ihr eingekauft?"

Kira: „Viel Eis und Chips!"

Autor: „Hattet Ihr Strom und Wasser?"

Kira: „Ja, aber wir mussten oft das Licht
ausmachen, wegen der Raketen."

Autor: „Hattest Du Angst?"

Kira: „Nein. Die Erwachsenen haben die Fenster und Löcher mit Sandsäcken zugepackt."

Autor: „Was hast Du die ganze Zeit gemacht?"

Kira: „Ich habe Spiele aus der Wohnung mitgenommen und mein Plüschtier Mia."

Autor: „Mit wie vielen Leuten wart ihr im Keller?"

Kira: „In unserem Raum etwa 10 bis 12."

Autor: „Hattet Ihr eine Toilette?"

Kira: „Man konnte im Keller machen, aber wenn es draußen ruhig war und man mutig war, konnte man auch in die Wohnung."

Autor: „Konntet Ihr die Bomben bis in den Keller hören?"

Kira: „Nein. Aber irgendwann hat alles gewackelt und gezittert und immer mehr Menschen kamen in den Keller."

Autor: „An was erinnerst Du Dich noch?"

Kira: „Ich habe mich zwei Tage nicht gewaschen und nicht geduscht."

Autor: „Was passierte dann?"

Kira: „Wir sind geflüchtet!"

Autor: „Hat Dir das Angst gemacht?"

Kira: „Nein!"

Autor: „Was hast Du gedacht?"

Kira: „Weiß ich nicht. Nichts! In Irpin waren viele Trümmer und es hat gequalmt. Ich habe nur Angst um Papa gehabt."

Autor: „Weißt Du, wer da Krieg führt?"

Kira: „Russland gegen die Ukraine."

Autor: „Woran denkst Du jetzt?"

Kira: „Ob mich der Krieg verfolgen kann. Vielleicht bis hierhin nach Deutschland."

Autor: „In welcher Sprache denkst und träumst Du?"

Kira: „Mal in Russisch und mal in Ukrainisch."

Autor: „Weißt Du was Krieg bedeutet?"

Kira: „Viele Menschen sind tot und alle Häuser sind kaputt."

Autor: „Was glaubst Du, wer Schuld hat."

Kira: „Russland! Das hat die Ukraine angegriffen."

Autor: „Was fühlst Du in Deutschland?"

Kira: „Angst, dass ich nicht mehr zurück in die Ukraine gehen kann. Das ich für immer hierbleiben muss."

Autor: „Wäre das so schlimm?"

Kira: *„Ich gehöre hier nicht hin. Ich bin hier nur Spielkamerad."*

Trotz allem Guten, das Kira widerfährt, fühlt sie sich zusehends isoliert und ist ein Spielball zwischen Hoffnung und Trauer, zwischen Freude und Angst. Ständig sagt man ihr, was sie für ein Glück hat, dass sie in Deutschland sein kann. Oder man sagt ihr auch, wie lästig sie ist und was für eine Belastung. Niemand interessiert sich für Ihre Sehnsucht und ihr Heimweh. Niemand spricht mit ihr über ihre Wüsche, ihre Angst und ihre Trauer. Und wenn es jemand täte, sie ist 9 Jahre alt und müsste nach den richtigen Worten suchen ... in Deutsch. Und so teilt sie ihre Gedanken, wenn überhaupt, nur mit der eigenen Ukrainischen Gemeinschaft. Dort, wo alle die gleichen Gefühle haben. Sie will zu ihrem Vater, egal zu welchem Preis. Kira sucht eine

Heimat, sie sucht ein Zuhause. Kira ist 9 Jahre alt. Sie ist ein Opfer dieses Krieges, der sie bis in die tiefste Stelle ihrer so jungen Seele geprägt hat. Für immer!

*

Am 07. Mai 2023 sind Guzel und Kira freiwillig zurück in die Ukraine gegangen, nach Irpin. Dort, wo Maksim, der Ehemann und der Vater, wartet!

Guzel Lakhman

* 29. April 1982 in Bikin (Tatarstan), Chabarowsk Territorium (UDSSR)

1986 Umzug in das ukrainische Swerdlosk, Gebiet Woroschilowgrad

1987 Herzoperation

1989 Sekundarschule in Swerdlowsk

2000 Abschluss mit gut

2004 Studium in Charkiw, Bekanntschaft mit Maksim

2006 Abschluss an der Universität Charkiw mit Fachdiplom „Ingenieurin für Ökologie-Technik"

2011 Umzug mit Maksim nach Pawlograd

2013 Heirat mit Maksim / Geburt von Tochter Kira (28. Juli)

2014 Krieg im Donbass

2017 Umschulung auf Kosmetikerin

2021 Umzug nach Irpin

2022 Krieg in der Ukraine / Flucht, Ankunft Falkensee bei Berlin

2023 Rückkehr nach Irpin (Ukraine)

<u>Kira Lakhman</u>

* 28. Juli 2013 in Pawlograd Ukraine)

2019 Sekundarschule Pawlograd

2022 Mai Geschwister-Scholl-Grundschule Falkensee

2023 Rückkehr nach Irpin (Ukraine)

Alexander Dik

Deutsch – Russischer Künstler / Maler

www.alexanderdik.com

Lothar Berg

Schriftsteller / Drehbuchautor

www.lotharberg.de